陕西出版资金精品项目

古长安碑刻说三部曲之

从石门到九成宫

王维亚 著

西北工业大学出版社

图书在版编目（CIP）数据
从石门到九成宫 / 王维亚著. —西安：西北工业大学出版社，2014.12
(古长安碑刻说三部曲)
ISBN 978-7-5612-4179-0

I. ①从… II. ①王… III. ①碑刻—研究—西安市 IV.①K877.42

中国版本图书馆CIP数据核字（2014）第272969号

出版发行：西北工业大学出版社
通信地址：西安市友谊西路127号　　邮编：710072
电　　话：（029）88493844　　88491757
网　　址：www.nwpup.com
印　　刷：陕西宝石兰印务有限公司
开　　本：787mm×1092mm　1/16
印　　张：12.5
字　　数：121千字
版　　次：2014年12月第1版　　2014年12月第1次印刷
定　　价：42.00元

古长安碑刻说三部曲之

目录

从石门到九成宫

【一】

从石门到九成宫

从石门到九成宫

古长安碑刻说三部曲之

目录

【三】

南来北往的风仍在这山中的条条古道穿行

“噫吁嚱、危乎高哉、蜀道之难难于上青天。蚕丛及鱼凫、开国何茫然。尔来四万八千岁、不与秦塞通人烟。西当太白有鸟道、可以横绝峨眉巅。地崩山摧壮士死、然后天梯石栈方钩连。”蜀道之难广阔无尽，李白诗笔打开的想象空间每每让我感叹。诗仙已经提到了古栈道，早年的阅读没有在此驻足。

“长安回望绣成堆，山顶千门次第开。一骑红尘妃子笑，无人知是荔枝来。”杜牧的《过华清宫绝句》我肯定研习过，可我的脑间总固执地浮现唐驿卒自岭南策马而来的情形。

其实，那千百年前的绝尘一骑所携的荔枝是源自涪陵，如飞的快马所踏过的道路便是蜀道。在空阔的山间，马蹄像鼓槌般敲打在栈道的木板上，所发出的一连串响声，该是怎样一种声响呢？它也一定不会是独自的咏叹，一定还会和着那壁上猿的哀鸣，空中鹰的凄厉，山谷风的呼号和江流的跌宕与回旋。

蜀道，顾名思义就是通往蜀中的道路，从四面八方抵达四川盆地的道路应该都叫蜀道，事实也是如此。像川滇之间

◎栈道柱孔 一串历史的叹息

的西南丝绸之路，川鄂之间的长江三峡水道等，历史上也称蜀道，但现在人们惯常所说的蜀道，则是指连接汉唐长安城和四川成都的交通道路。

平坦如砥的西汉高速公路在沉重坚强的秦岭大山中一字铺开，车子像河一样平静雍容地流着，舒适的高速大巴中舒适地观赏着大秦岭如诗如画的山水美景，三个半小时我即站在了依旧浩浩汤汤的汉水边。

深厚的汉中城分明少了些许的浮躁，一派持重中屡屡可感新意，呼吸着它的空气，也觉得很轻很轻。背依厚重的秦岭，向南俯瞰大巴山，汉中盆地给了千年的蜀道一段不长的舒缓和平坦，昔日负重的苦旅可以有少许的喘息吗？

我们读史，常留心的是黄河流域、草原大漠，及至两汉三国，汉王刘邦、蜀相诸葛亮才开始给了横断在秦蜀之间的秦巴大山以显豁。但遥想亘古，林木遮蔽，寒气肃杀，阴森惨栗，鬼哭狼嚎，先民们是如何沟通的？是谁踏出了这大山间第一段的小道？好像无人能回答得了这样的疑问。但一直汲汲于此的专家学者认为，穿透秦巴大山的道路最早可追溯至春秋战国，乃至三皇之时，距今应有四五千年的历史。且不止一条，而有七条之多。具体说来，汉中之北横亘在秦岭天险中的道路，自西向东依次为陈仓道、褒斜道、傥骆道和子午道；打通汉中之南大巴山的道路，自西向东依次为金牛道、米仓道和洋巴道。洋巴道在唐代俗称为荔枝道，完全是因了那个杨姓的美女嗜食荔枝而得名。历史上统称秦岭之道为秦栈、北栈，称巴山之道为蜀栈、南栈。南栈和北栈相连接就构成了蜀道。蜀道的演变十分复杂，但自汉魏时起，褒斜道和金牛道就作为蜀道的主要组成部分而链接着，唐宋时期，北栈的陈仓道取代褒斜道而成为过往主要通道。

殷末，周武王与商的军队牧野之战中就有蜀人的身影。那个笑脸很值钱的美女褒姒的家乡，就在秦岭之南的古褒国。之于秦，有谁人不知始皇帝开始修筑的万里长城，但那是拒绝，他的先人还有沟通，这便是南向的栈道。越过秦巴，秦惠文王伐蜀，瞬时便将巴王俘获。他们演绎了中国的

◎石门 一声千年的叩问

历史，但在记载他们是如何越过秦巴大山南来北往，史料肯定是粗疏的。即就是汉王蜀相的火烧栈道、木牛流马的文字，又能引起多少人在这段道路开拓的问题上深究呢？

但穿越了秦巴大山的条条道路，是先民们的聪明智慧和坚韧执着不屈不挠精神的写照，而其中大段大段的栈道，更应该是人类文明史上最靓丽的一笔。

山高水长的意味也不仅只是让我们感到了唯美，平实的道理还寓于平实的自然。秦岭高耸的山巅不停地有水源出，向北向南下注，一源而二流似乎是一个通道，这个自然现象曾在数千年前就被我们的先民们发现了，于是，他们在这山间进行了创造。于是，这条条道路全是循着永不停息的水流而行。从秦岭深处牛岭山垭南北望，有酉傥二水，傥骆古道便沿此二水而行，南可直抵洋县，北穿华阳古镇，可达周至。从秦岭古道示意图可以看出，傥骆道南北几乎成一条直线。还有我们要叙说的褒斜古道，褒斜二水的源头在太白山的五里坡，向南成为褒河，向北的斜水今称石头河，数百里长的褒斜二河谷中的褒斜道，也只有五里坡那段稍稍的险峻。素为天险的秦岭原来也并不是铁板一块，也是有懈可击的。仔细想来，新修的西汉高速公路也是沿着清澈的一溪出入，初进秦岭，水流迎面而来，待路途过半，车子便是顺水而行了。

头戴麻片腰缠藤条的先民们，小心翼翼地沿着和缓的河谷攀援，或是采集，或是狩猎，脚下渐渐踏出了窸窸窣窣的小道，巴蜀沃野丰裕的消息隐隐约约传到了秦岭之北。铁器开始使用，诸侯国要征伐扩张与开拓，于是，秦巴山中的小道需要变成大道。如何在河谷的峭壁上开辟出便捷易行的道路，也许让还不会使用火药的人们着实费了一番脑筋。桥梁的建筑技术，或让他们的苦思冥想豁然开朗，于是，在河谷长长的崖壁上凿洞架梁，木板铺之，一种似桥而非桥的构建可将人们顺利地送达目的地，这种建筑形式被称之为栈道，也叫阁道。有了栈道，蜀道才可成为真正意义上的蜀道。

“道路凌空，极尽天下至险”，可不是一件简单的事情，要在石壁上凿孔，在激流中竖石，在石上架梁履板，还需要有保护的栏杆，在生产力尚不发达的时日，是多么不容易的事情。架起这样的栈道，可不是只走行人的，是要承载浩浩荡荡的征战队伍的。当然，一条古道的全程并非都由栈道组成，秦岭山中的几条古道最短的也有二三百里，只是在河谷、在悬崖峭壁间才需要修筑栈道，如五百来里的褒斜道，栈道约占一半的里程。

“险绝之处，傍凿山岩，而施板梁”的栈道，有着不同的构筑样式，先民们根据不同的地貌地形设计出了合理的栈道形制，平梁立柱式、斜梁立柱式，都是最常见的栈道建筑形式。顾名思义，我们似乎很容易想象出这种栈道的构筑模式，像平梁立柱式，就是《诸葛亮与兄谨书》中所说的“其阁梁一头入山腹，其一头立柱水中”。这应该是较为简单的栈道建筑形式，还有更为复杂的，像石积式、多层搭架重叠式等，今人看来都不能不感叹古人的聪明才智。栈道的构筑形式大致有六七种之多，又可分为木栈和石栈，早时多以木栈为主。栈道的壁孔40厘米见方，深70厘米左右，壁间孔的间距为2～3米。李白诗中吟诵的具钩连之美的石栈，已是发展到了唐朝。木栈多为石栈所取代，应该是取石之坚强，还有大概是长期的和平年景，统治者汲取了历史上多少次火烧栈道的教训吧。石栈今天尚有遗存，在褒河上游一个叫红崖河的支脉，赤色的山崖上，不同朝代开凿的栈孔上下数层依次密布，有一段石梁还横插在石孔中，这些石梁20世纪80年代存有七根，现还余五根。石梁裸露在外的部分1.7～1.8米不等。山野空谷，荒僻之地，这些斑驳幽暗苔藓布满的石梁，曾覆板安栏，承载过辚辚的车马，目睹过历史的云烟，有无数的英雄豪杰自此呼啸而过，也有谋生的芸芸布衣踽踽独行。栈道像蜿蜒曲折的长蛇，与奔流不息的河水相依相恋，它不仅是这亘古山间绝美的一景，更像通达流畅的血脉，让一个古老民族的肌体完整而强健。

近八十年前，林散之先生尊宾虹师“师古人，更要师造化”之嘱有过一次壮游，历时八个月，途经十余省，行程万余里。那时，尚年轻的林散之就踏上过秦岭山中的傥骆古道，历尽艰险，九死一生。为艺不易，古道也难。过太白山，晚宿一石洞，为避蟒蛇以石封洞门，夜有老熊围门吼叫而不得入，但向导精神受到刺激，以头撞壁；近太白山顶，突降大雪，踉跄山下，又遭雨淋，饥寒交迫，林散之中瘴气而倒，莽莽丛林，幸遇一人家相助，得以活命；几日后道上又有二十余人结队而来，林散之不知古道上行人不与外人答话的习惯，上前问讯，对方突以手中木棍猛击；还曾遇两条熟睡蟒蛇，幸未被惊醒，不然也早命丧古道。“万里我归来，诗稿写满袖。口口阿弥陀，佛光照大地。”林散之的万端感慨，真切地让我们领悟了行走在几近废弛的傥骆古道的滋味。

水流石不转，古道也无言。时至今日，南来北往的风仍在这山中的条条古道穿行，传递着大山里花开花落的消息，无数为蜀道文化所迷恋的人们，尤其是被“石门十三品”书法艺术所折服的人们不辞辛苦，前来寻访。

石门就在前面！

阅读他们应该由衷地生发出敬意

“褒水通沔，斜水通渭，皆可行船漕。”汉水注长江，渭水入黄河，这深厚的大秦岭似乎也并不静寂。而汉武大帝在褒斜道上有过大动作，对这条沟通南北重要的陆路交通大动脉也一次次地给予了大规模的整修，使汉对西南行使着有效的统治。他能让“栈道千里，通于蜀汉”，但有一个节点始终没有解决好，这便是“唯褒斜道绾毂其口”。这个褒谷口，两山对峙，壁立千仞，水流湍急，道路被突兀险峻的七盘山阻隔，一边是悬崖，一边是激流，难以架设栈道。也许这梗阻曾给了气吞万里如虎的汉武帝一丝丝的无奈，以致整个西汉对此也没有对策。时光到了永平年间，光武帝刘秀的

◎是两千年前领导的手迹吗

儿子明帝下了死命令，打通七盘山，畅我褒斜道。真是刘家的好儿郎，要给先人找回点儿面子。

具体来干这件事情的是当时的汉中太守鄐君，他领旨后怕欠薪被追责任，没有雇用民工，而是调用了广汉、巴蜀等地的2961名囚徒，“积薪一炬石为坼，锤凿既加如削腐”。采用这种“火烧水激”的方法，历经三年，终于开通了一条长16.5米、宽4.2米、高3.75米，岩面相对光滑平整的穿山隧洞。大概当时还没有隧道这个名词，也许是太守的命名，也许是某一个囚徒的口语，石洞遂曰石门。石门是我国古代最早的人工穿山交通隧道，在世界公路史上也应当有着重要地位，这显然不是面子工程。

“江山留胜迹，我辈复登临。”现在大凡到名胜景点去，“禁止私刻乱画，违者罚款”的标识颇有些大煞风景，也让人心中五味杂陈。其实，在有特定意义的地方写写画画，我们是有传统的，譬如一千九百年前开凿的石门，那就相当于现如今的国家重点工程。褒河谷口又有着旖旎的风光，多情的文人骚客、有钱的达官贵人，行到此处畅通无阻，一定会是心情大好，感慨一番，赞颂一番。末了，会有人刻制壁上，这是私刻。还有公刻，就是当地好事的领导，也会凭着心情在石门做些指示，吟上两句，喽啰们自然会将其刻写上石，以图垂之久远。当然，无论是私刻还是官制，都会请来书写的高手，臭葫芦是不会让你上这些大场面的，这是文化。当然，也有作文者有书写自信直接书丹的。

石刻文字有碑碣、墓志、造像记和摩崖等种类。所谓摩崖就是在山之壁崖上略使工事，使其平整，然后施刻。这种记事的方式较之繁琐讲究的碑碣简单省力，寓于山水之间，和谐自然，质朴粗犷，往往书写也放任纵意，有着极强的冲击力。摩崖石刻有着大量的遗存，像山东泰安、邹县一代的摩崖石刻群，对书法艺术的发展也很有影响。

很难说，是谁在石门刻上第一个字的，也很难统计，石门的石刻悄悄地消隐和尚未发现的究竟有几何，就现存的石刻来讲，《鄐君开通褒斜道》无疑为最早，几乎与石门的打通相先后，它镌刻于东汉永平九年（公元66年）。八十年之后，石门洞内的西壁上出现了最早的摩崖，这便是赫赫大名的《石门颂》。又三百六十年，时光已行走到了北魏，《石门铭》问世于石门洞的东壁上。两宋及明清，以石门为中心，摩崖碑碣大量涌现，布满山间，蔚为大观。今存古褒谷口的摩崖石刻就有百余块之多。

石门石刻早在宋代便为人们所重视，赵明诚《金石录》中曾收入多篇石门石刻，苏轼、欧阳修等文学家，也对石门石刻多有吟诵的文字。清中叶后，碑学大兴，石门石刻更有康有为、杨守敬等人的极力推荐而声名大噪，以至写得一手极好苏体的孙中山先生也对着《石门铭》发出感叹："《石门铭》书法太好了，我们今后还是提倡《石门铭》吧！""行笔真如野鹤闲鸥，飘飘欲仙，六朝疏秀一派，皆从此出"的《石门颂》，更是被有识之士认为"胆怯者不敢学，力弱者不能学也"。不然，我们最早出版的《辞海》封面二字也不会集这个帖子！还有"古秀天然若石纹然"的《大开通》，"百代而下，无从模拟"。宽博朴茂卓而不凡的《杨淮表纪》，习汉碑者无不珍视。这些石门石刻中的精品当然包括在十三品中。

所谓"石门十三品"，盖是对石门十三种石刻珍品的称谓。清人扬碑，致力于金石文字的搜求整理和研究，往往依据艺术的审美趣味和要求，对某一处的石刻文字擢其珍爱者命名为多少品，如最为人所知的《龙门二十品》等。虽然这《四品》《十品》《百品》等集子，贯穿了某大家个人的意

◎《石门颂》锥画沙的线条在厚重的岩石上显得很纤细

味，但也是在刻石影响基础上的总结，继而又被人们所接受，约定俗成的。“石门十三品”可以讲涵盖了石门石刻的精华，选取当是精准的，即此也包含了昔日许多学人的心血和劳动。清人不似宋代的研究者，大多停留在书斋案上，依据拓片著述，他们不辞辛苦，跋山涉水披荆斩棘的踏勘访碑，注重第一手的资料，建立感性认识。我们阅读他们应该由衷地生发出敬意，他们也自觉不自觉地做了后人的阶梯。王森文、吴大澂、缪荃孙等清代的知名学者都曾涉足石门，寻访探求，为石门石刻影响的扩大付出了努力。而彼时石门“其路遂废，游者非舟莫达”“夏秋水涨，没溢崖岸”“舍舟而步，山径溜滑，乱石纵横，几不能容足”，甚至可以说，他们是冒着生命危险的。

“石门十三品”，依时代顺序为

东汉《鄐君开通褒斜道》摩崖，简称《大开通》

东汉《故司隶校尉楗为杨君颂》摩崖，简称《石门颂》

东汉《右扶风丞李君通阁道表》摩崖，简称《李君表》

东汉《杨淮杨弼表纪》摩崖，简称《杨淮表纪》

汉隶大字《石门》摩崖

汉隶大字《石虎》摩崖

汉隶大字《玉盆》摩崖

汉隶大字《衮雪》摩崖

三国曹魏《李苞通阁道题名》摩崖，简称《李苞题记》

北魏《石门铭》摩崖

南宋《鄐君开通褒斜道释文》摩崖，简称《大开通释文》

南宋《山河堰落成记》摩崖

南宋《释潘宗伯韩仲元李苞通阁道题名》摩崖

一个个方正大气的字
自内向外奋力生长

《大开通》这个帖子的命名很是恰当，摩崖刻石，字体开张，在高山大川之间显得何等的壮阔！而宽绰的石面上，“开通”两个大字又相当显豁。站在石门旧址前，我打量着头顶周遭的峰峦，很想知道《大开通》当年在哪个位置。但浓郁的丛林遮蔽着群山，青青的叶子随风翻卷，银光闪闪，一切旧日的故事都似乎被隐去了。

当年的汉中太守鄐君奉诏开通褒斜道，其实是一项浩大的工程，除汉中郡外，西南三郡也归他统领，“始作桥阁六百二十三，大桥五，为道二百五十八里，邮、亭、驿、置、徒司空、褒中县官寺并六十四所就。凡用工七十六万六千八百余人”“九年四月成就，益州东至京师，去就安稳”。当然，那近三千刑徒的创造是这项巨大工程的亮点，于是，《大开通》那记事的摩崖就选择在了万众瞩目的石门之侧。

与我们惯常所见中原那些官制的汉碑不同，《鄐君开通褒斜道》摩崖的字体实在能让我们的眼前一亮，其书风有不走寻常路之感，而且字迹也大，每字大都在九至十一厘米之间。《大开通》素有“隶中之篆”之称，横画不见“蚕头燕尾”，撇捺没有翻挑，结体或方或扁，看似散漫而法度自蕴其中。篇中有宝盖，左右两笔下垂到底，加之中锋用笔，的确是存有浓重的篆书意味。此摩崖为云母片岩石质，石面虽经打磨，但石中横竖均有裂纹，而书者顺应此较为平直的裂纹来妥帖处理个别笔画，似有放荡不羁之感，因而也使其获得了古秀天然的赞誉。让我们感到赞叹的显然还有它的章法，大致的竖有行，但行间紧密，字间点画四面放射，使得中宫宽裕。一个个方正大气的字自内向外奋力生长，行与行相互抵抗，整个的篇章茂密紧结，郁勃之气顿生。

阅读前人对《大开通》的品评，施蛰存的一段话很有意思。他其实对这个帖子很是推崇的：“《褒斜道碑》面积最大，其隶书随山壁高低不平中，落笔取势，最为古朴雄放。”但他接下来说：“这种摩崖汉隶，自成一格，临写颇非易事，而且我以为亦不必临摹，因为这不是简策或纸帛上的书法。”《大开通》长期裸露山野，风吹雨淋，文字剥落漫漶严重，平时我们接触这个帖子有这样的感觉，要在石花石纹中分辨出线条来的确存在困难。这当然不是施蛰存认为

◎东汉《鄐君开通褒斜道》局部

◎东汉《鄐君开通褒斜道》局部

不必临写的理由。大概他是认为师法案上书写与手中毛笔有较大的一致性，书写的技术性表现的比较明显，容易收到临习效果。而山中摩崖多注重气势，用笔可能会粗疏一些，不大适宜作日课范本，而更适合欣赏，去琢磨它体味它，作为空临的对象即可。的确，一个帖子有一个帖子的特点，《大开通》不是标准的分书，作为案上日课范本，《张迁碑》《曹全碑》更能让你较快地掌握隶的书写特点。而对于《大开通》，取其章法结字的特点，接纳开张的气势，会心其拙朴的意味就够了。我们要学习篆书，那还是临习《峄山刻石》之类，《大开通》作为上窥下探的隶篆，在书法的学习中当然也必不可少，或许它能让你更好地理解和掌握篆书和隶书，以至能给你在如何走出自己的路子上有很好的启示。

每次面对《大开通》，我都会自然联想到遒古渊懿、浑穆淳厚、饱含篆书之意的《好大王碑》，或者说，我每次看到《好大王碑》就能想起《大开通》。一个汉一个晋，东北西南相距数千公里之遥，二者有何其多的相似之处。平直的线条一样无波磔、无翻挑，一味的中锋使转，横平竖直，中

◎东汉《杨淮杨弼表纪》局部

宫开阔，只不过《好大王碑》的线条用笔按得较深。《好大王碑》碑的书者未必学过《大开通》，书法的用笔结字是有规律的。

《大开通》第一次为世人所注目，当在南宋。绍熙五年（公元1194年），南郑知县晏袤一日午后无事，趁着微微凉风，又一次来到石门浏览石刻。此公攀援石壁，摩挲刻字，追慕古人，兴致极高。偶然间一块相对平展的石面让他若有所思，拂去苔藓，《大开通》再一次闪亮人间。于是，他认真研读文字，细心品味书法，遂将《大开通》的释文和自己的见解用隶书写出并上石。还有《山河堰落成记》

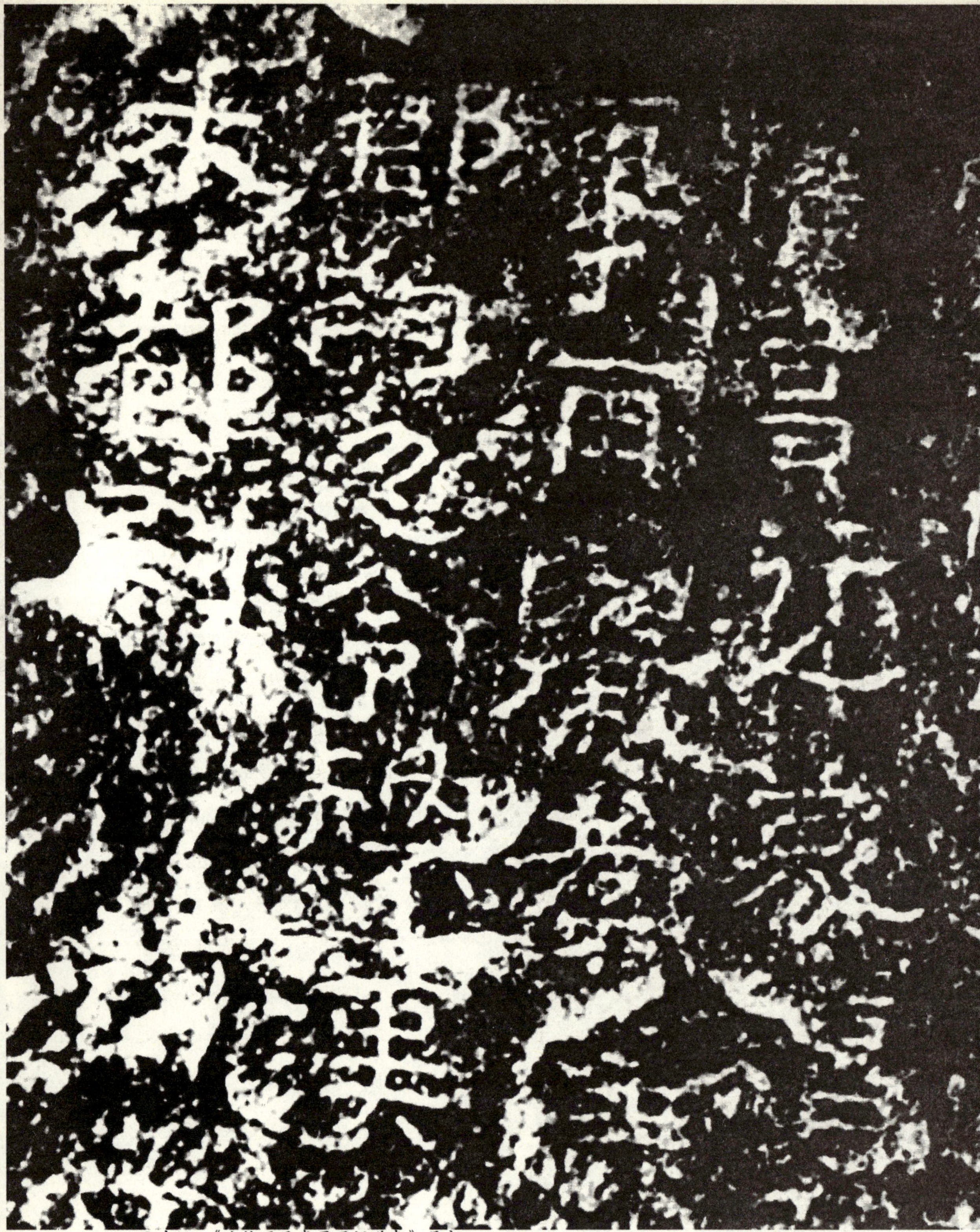

◎东汉 《右扶风丞李君通阁道表》局部

也是此君的手笔。宋与唐在文学上并称“唐宋”，在绘画上与元并称“宋元”，书法在整体上却稍为逊色，前期的刻帖，后有“尚意”行草书是其主要成绩，楷隶功夫字弱。即就是唐人隶法也不足道。因此，此乡贤晏袤的两通隶写，虽不乏赞誉，但还是应给予符合客观的评价为好。

“铁路警察，各管一段。”古褒斜道也是如此，南归汉中，北则不由它管辖了。东汉永寿年间，北段的褒斜道又需要维修了，扶风丞李君领命，大道畅通，民受其惠，感恩戴德，乃为之记也。因此，《李君表》显然有些上表示敬之意，其书也很可能是民间书法高人所为。书法深有《石门颂》的意味，大小错落，有列无行，看似不经意的散淡书写，实则气韵相通，内含着雍容华贵之气。没有办法，汉代就生长隶书，隶书只能生长在汉代，随便一通汉人的书写，就八法皆备，富有汉的淳厚隽永，拙朴高古之气。

当年的司隶校尉杨孟文力排众议，奏请修复褒斜道，功莫大焉。若干年后，他的一个老乡卞玉路过石门洞中，伫立《石门颂》前，情不自禁追想其功德，又联想到杨公的元孙——杨淮、杨弼兄弟的人生经历，不负先人创建的丰功伟业，遂写下一篇颂文并亲自书写，镌刻在石门西壁《石门颂》的南侧，这便是有名的汉隶书写《杨淮杨弼表纪》。通高两米余，宽半米的样子。七行，行二十余字。由于其形状颇似碑，因此，也有人称之为《杨淮碑》。书在《石门颂》旁，不免受其书风影响，感念杨家的人品功德，心中潮起潮涌，于是，《杨淮表纪》跌宕起伏，大开大合，纵横放逸，有不可遏止之势。但黄门卞玉毕竟是读孔孟书的知识分子，不会做到没有节制，笔下多有关照，收放有度，也是一通难得的书写。

写字的人每每进入这美妙的线条，闲逸超然之情顿生

对于《石门颂》，本人可谓是老感情了，二十几年前，我就曾与它朝夕相对，有过亲密的接触。在案头文物出版社出版的那本古意盎然、简约而不简单的帖子的后面，有我“本帖自一九八七年二月二十日开始临写，至一九八八年二月十九日暂止”的字样，我琢磨这两个时间大概是两个旧历年的起止。此后，还有过断续的晤面。

完全是出于喜欢，才拿来临习的。笔尖轻轻入纸，藏锋后一路中锋，写出其张扬的体式，也写出满心的欢畅。恭敬埋首于程式化的唐楷多年，一拿到和顺自由的《石门颂》，真有一种被松绑的感觉。写字作个调整是可以的，但在写字

◎东汉 《石门颂》

的早期，花较长的时间写《石门颂》这样的草隶是不恰当的，学隶当还是从那些齐整、端庄、肃穆的庙堂之作入手，获得的技术收益大，求变则来寻找《石门颂》等摩崖吧。

踏勘石门故址，难掩激动的心情，帖子中一个个情绪饱满富有个性的字迹在脑间闪过，远离庙堂的书者王戒野逸恣肆的身影仿佛也鲜活在眼前。当他用别样的情绪写出“建和二年仲冬上旬”的时候，他在意过石质的粗疏与细密吗？

石英岩与云母片岩的概念，我弄不明白，但我可以根据它们的表面形态有想象。《石门颂》是石英石质，块状小，容易形成尖利，打磨后也可看得出来。云母片岩块状大，说来也难处理，易起层剥落。这些就山刻字的摩崖，石质当然敌不住关中制碑子的石灰岩青石。石质不同，对书写有着很大的影响。

“唯有大地的神灵规划着山河的布局，使河流和沼泽就像人的躯干和四肢那样得体。沼泽有它们注入的地方，河流有它们贯穿的空间。”颂词磅礴大气的开篇，不仅会让我们自然地进入《石门颂》那汪洋恣肆的书写，甚至会让我们联想到霍去病墓前的石刻和陕北的石刻画像。曾有前贤这样评价茂陵的“马踏匈奴”石刻：“通过雕刻家的表现，青年将军霍去病在吼声震天的战场上指挥若定的大将风度，大汉声威远播瀚海的历史音波都化为一匹稳健伟岸的骏马，这一切都用含蓄、深远的内在语言概括出来了。”有论者述及汉代石刻画像时，也曾言：“在中国历史上，再也没有一个时代比汉代的石刻画像能抽象的概括。不仅可以看见古人的形象，而且几乎能听到古人的声音。”汉代的文学艺术富有极强的时代风格，高度的概括，艺术的夸张，向上健康，具有旺盛的生命创造力。从《石门颂》写意性极强的隶写中，也同样能强烈地感受到一个开放强盛时代的精神内涵。

《石门颂》的隶写别于黄河流域的规整汉隶，肯定是有着处江湖之远的地域原因，也有着书者放任心灵，有别于它的文人心理，在具体的放松笔下的处理上，他显然从篆书的用笔和汉简的体式，以及章草的意绪中得到了启发，从而有了完美的表现。中锋使转是篆书的用笔，《石门颂》完全取法于此，柔韧劲挺的线条，较之我们可以看到的“玉箸篆”更有情绪。当然，《石门颂》折的地方不是一味使转的，它也多有断笔另起，但断与起都有很好的藏锋，从而使线条不草率，有完整的守法度感觉。显然，草书的流动性强，章草已开始在许多点画上不安分了。《石门颂》的点画虽笔笔送到，但在许多取开张之势的线条上，极富率意，甚至有出锋而空回的处理，草意的动感极强。对于汉简书的吸收，许多地方都可以看得出来，尤其明显的是篇中“命”“升”“垂”等字长竖的表现，似是从汉简中直接拿来。一些该规整的结体，书者欹正、收放的处理，也出现了新奇的效果。《石门颂》的书者没有在字的形体上刻意求工，自觉地从其他书体中吸纳有益的元素，冲破了结字刻板机械的构成模式，用灵动的线条、多变的结体，以神制形，在一派蓬蓬勃勃中，表现出了生动的气韵，感人至深。

同时，《石门颂》又是很细腻的，不仅在其气韵上，本

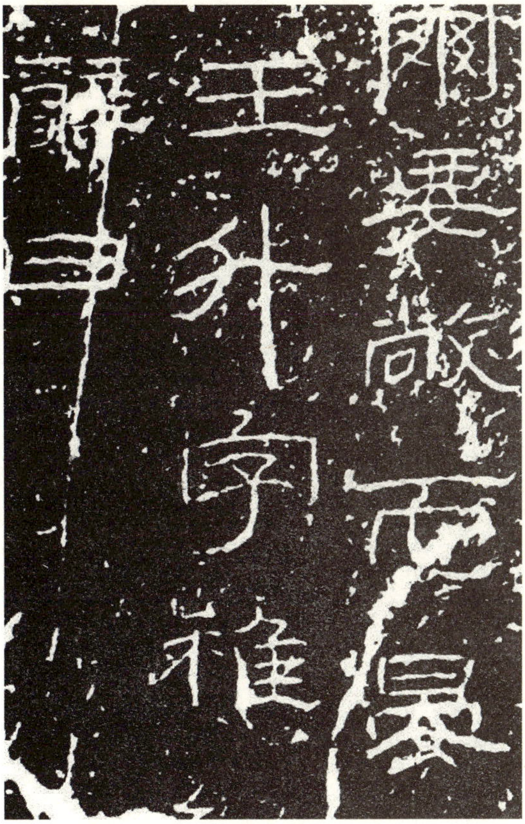

◎东汉 《石门颂》局部

身就含有温婉柔美的一面，在其技法的运用上，也极为关注细节，绝不含糊。譬如它的饱含篆书意味的线条，起和收的藏锋都十分的轻灵含蓄，绝不因为其书写情绪的奔放和体势的舒展而有所疏忽。表现在结字的安排上，大小、疏密、长短、肥瘦、欹正，变化无穷，不可端倪。其中“丽”字之大，“伯”字之小，“坤”字之疏，“凿”字之密，“豫”字之欹，“辅”字之正，“泽”字之肥，“川”字之瘦，等等，皆显示出了书者会心于此、恭敬于此的书写态度。

汉代是强盛的，但不时的对外用兵，也会引起国内矛盾的激化，一度还危及到了巴蜀及汉中等地。安帝时南北交通多依恃悬峻难行的子午道，顺帝延光四年的司徒校尉杨孟文向朝廷上疏，请求修复褒斜道。当时的朝内意见是很不统一的，杨孟文大概也是作了一番据理以争、力排众议吧，最后皇上英明决断，褒斜道始得修复，“功饬尔要，敞而晏平。清凉调和，烝烝艾宁”的局面出现。后有汉中太守名曰王升，感念杨孟文的精神，“勒石颂德，以明厥勋”。于是，千古名刻《石门颂》诞生世间，写字的人每每进入这美妙的线条，闲逸超然之情顿生，会忍不住感叹：王戒、杨孟文、王升，都是多好的同志啊！

在紧要处前辈又推了他一把

"（此）门盖汉永平中所穿，将五百载。世代绵回，戒夷递作，乍开乍闭，通塞不恒。自晋氏南迁，斯路废矣！其崖岸崩沦，涧阁湮褫，门南北各数里车马不通者久之。"褒斜道好像动辄就废，又要有人来维修了。其实，莫道距永平年间开通，即就离杨孟文上奏修复的那次，也过去三百余年了。数百年对于一条路来说是一个什么概念？看看我们今天的路就知道了，多少路修好没几日，就开始又挖又补，某地的一座建成没多久的过江大桥竟然会兀自垮了半边，这些豆腐渣工程让人无言。而古时的褒斜道呢，完全是土木结构的。

这次奏表来修褒斜古道的是一个山东老乡，名叫羊祉，

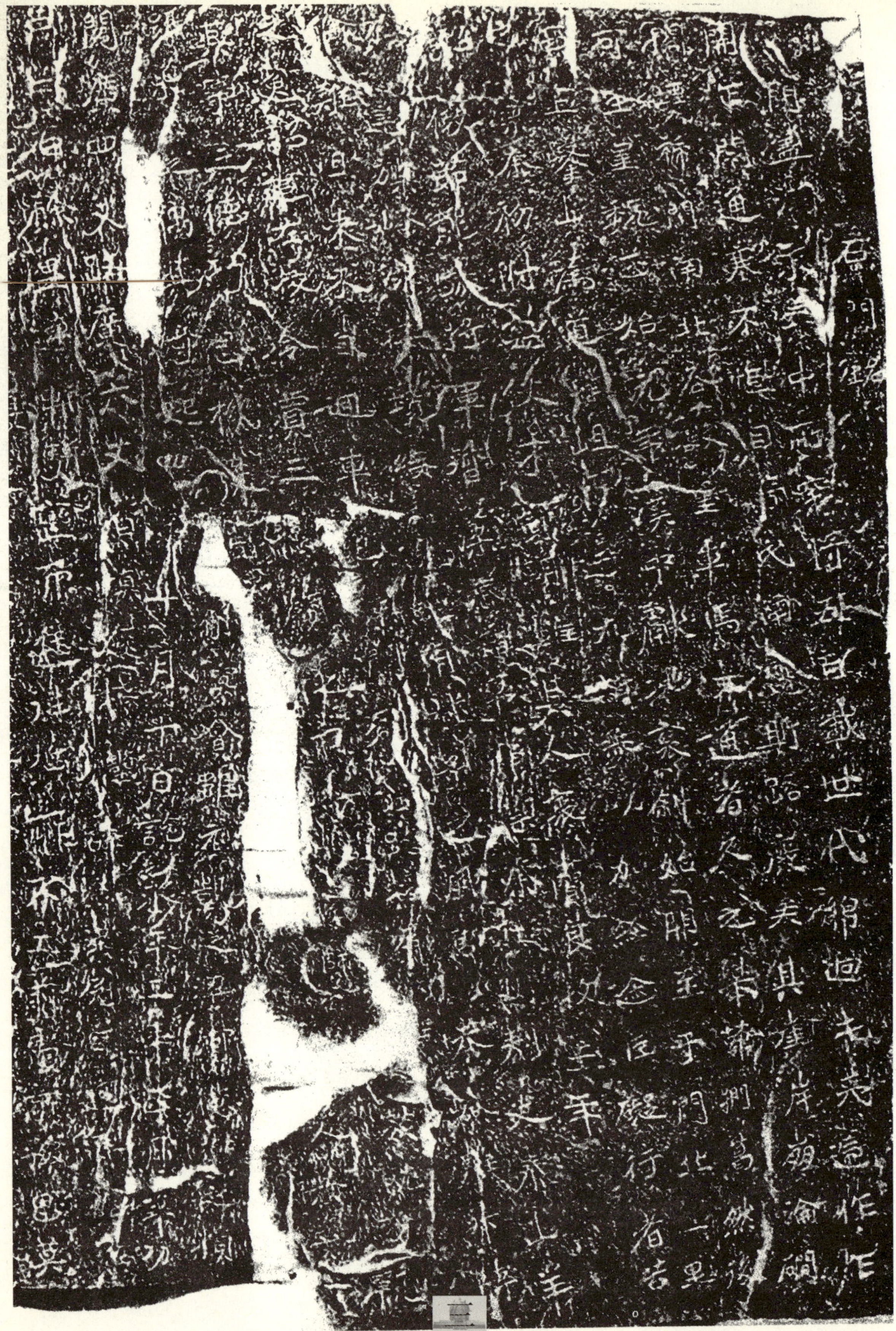

◎北魏 《石门铭》

北魏永平年间任梁秦二州刺史，具体负责的是一个左校令贾三德，他受遣“领徒一万人，石师百人，共成其事”。这么大的事当然要由秘书们记录下来，梁秦二州的文字小吏王远，先是在油灯下伏案草稿，成文后没有放置官署的档案库，而是心情激动，想到了刻在石门洞中那篇前人洋洋洒洒的颂词，遂大步流星来到洞中，也在壁上修整出一块地方，凝神静虑，饱蘸浓墨，奋笔疾书，一气呵成之后，邀来河南洛阳的刻字高手武阿仁说：“老兄，看看咱这通书写较之对面我一家子王戒如何？”武阿仁说：“大好！”叮叮当当就把这篇文字凿在了石头上。王远看了也高兴，不经请示就做主说：“把咱俩的名字也刻上！”领导来了，看后心想，你俩小子忒胆大，咱这朝代刻字记事，起草的和刻石的都不落名字，但一看这件歌颂自己的事情确实干得漂亮，就不做声了。于是，这哥儿俩关于这篇铭的制作弄得后来的许多文人们神魂颠倒，不能自已。

“水眺幽静，林望幽长。夕凝晓露，昼含曙霜。秋风夏起，寒鸟春伤。”王远这个山西人来此地混饭吃也不是一年两年了，他把褒谷口四季变幻的景色观察的这么精细入微。“浩淼悠远的河水啊，泛着洁白的光；一眼望不到边的树林啊，茂密而幽长；晨露傍晚还珍珠般的凝结着，周遭也布满着薄薄的清霜；夏日山间，吹来习习凉爽的风，掠过寒冷的鸟儿，心海里漾起的是春的感伤。”我的翻译很蹩脚，未必准确，也不及我本家前辈的唯美。让我文章更是望尘莫及的，不仅仅是我在冬春的季节里没有到过汉中。

◎曹魏 《李苞通阁道题名》局部

出来了。梁启超就说《石门铭》笔意近于《石门颂》，以草为楷。马一浮曾用他那学究气十足的行书跋《石门铭》："虽结体疏宕，而气甚条达，笔势颇存《杨孟文颂》遗意。"诚哉斯言。我们每每手持《石门铭》，总能窥到《石门颂》的影子，像又不像，一通极好的魏碑书写。王远未必朝临夕摹过《石门颂》，也未必整日苦思冥想什么创新面目一类的大问题，但他肯定对《石门颂》的巨大魅力拒绝不得，尤其是一旦站在那王戒曾留下身影的古老洞中，身后的《石门颂》阵阵袭来，王远心中忽然有与平日不同的感觉了，于是，心手相应的笔下《石门铭》俊朗清正的面目出来了。书写罢，王远的心中一定很沉静，有的只是读书人追慕前贤的欣慰之情，但他的确赋予了魏碑动人的灵性。王远所谓北朝十大书家，那是后人封的，其实他就是一个普普通通的刀笔小吏，也不是整日想着出新出奇，让字卖个好价钱的名利之徒，他踏踏实实地走了一条正确的路，他是在《石门颂》书写的感召和启发下写出了《石门铭》，他紧紧地拉着王戒的手，在紧要处前辈又推了他一把。

当然，当初的王戒也没有想到，他的书法会影响到北魏的王远，影响到一千八百多年来的汉字书写，他不仅是石门书风的奠基人，也应该是中国书法这门古老艺术不断发展壮大的大功臣。《石门颂》不似王远，将自己和武阿仁的大名端刻在《石门铭》中，时风使然，王戒未在《石门颂》中直署自己的名字，只是在其后的款文中，可隐隐约约窥知书者之名讳。和王远一样，下等品秩的书佐奉命书丹，只不过是充其劳役而已。世上的一些事总有不公平的一面！

我们只是重点述说了《石门铭》和《石门颂》的承继关系，在《石门铭》之前，与《石门颂》有渊源关系，甚至直接胎息于《石门颂》的刻石，在此地还有许多，譬如汉《李君表》《杨淮表纪》，曹魏的《李苞通阁道提名》，西晋的《潘宗伯韩仲元造阁道题记》等。

满河的激流，满河的石头

石门十三品中，除了《石门颂》《石门铭》这些鸿篇巨制，还有几处少字刻石，这些刻字大多为隶书，相传年代为两汉三国时期，刻字内容多与此地历史文化和山水景物有关。到汉中来寻访游玩的客人，大都会对这些刻字产生浓厚的兴趣，甚至还会破费来购买这些刻字复制品的拓片，带回家去把玩欣赏。

这些少字刻石的书写水平其实是蛮不差的，像“石门”“石虎”两刻石的用笔都包裹得那么严，可不是一般的功力。要是认真琢磨，还是很能从中得到些书写大字的启发的。

“石门”二字多数人认为是石门洞打通之时的刻字，也有人认为是《石门颂》刻成后的制作，笔意与《石门颂》相一致。这种观点显然有些牵强了，写大字的用笔和写小字的用笔很不同，再说，我实在也看不出来这两个字从用笔到结体，以及书写节奏和气息上，与《石门颂》的书写有什么一致性。今天那些大工程大项目落成的题字，多是有头有脸的人来执笔的，想那当年由皇上下诏打通的石门洞是一件多么大的事情啊，石门的称谓被无数的人们传诵着，倒不一定是当地的官员，也一定是一位身份特殊的善书之人，书写了这两个字。虽没有刻在石门洞的门楣上，但也刻在了洞北口的侧面，从而遂了人们的心愿。打长安城走来的人们一路奔

◎汉 《玉盆》

◎汉 《石虎》

波，猛然抬头看到“石门”两个大字，也会顿然生出欣喜之情，旅途的劳顿也会减却大半。

石门刻字并不都在山之石壁上，“玉盆”就刻在河中的大石头上。秦岭山中的水美，石头也美，美的石头与美的水相交错，亿万年会是什么样子？在褒河口就有着一处巨大的奇石群，至清代此地的“二十四景”中就有“堰口镇珠”一说。其中，有一硕大巨石，形似盆状，色泽洁白，质地如玉，有好事之人就在其上书刻了“玉盆”二字。此盆平日裸露，而遇河水暴涨，就不见了踪迹。这通刻字的巨石上，还曾建有亭子，今覆亭立柱的柱孔尚存。建亭大概是为了溯舟泛游的人们驻足观赏景致，不会是为书者尊而修的碑亭吧？这通书刻真有些年头了，字迹早已被河水冲刷的漫漶不清，可许多在其旁侧的题名尚在。关于这通刻石的书者，有清人的确认为是非常之人，而历史上的亭子也是为刻字所修，并且来访碑的时候听说过“玉盆”旧有“留侯书”的字样。留侯何许人也？汉代张良。名头的确不小。楚汉相争，刘邦屡战屡败，后被限制到汉中。随同汉王从子午道而来的张良，建议烧毁栈道，“以示天下无还心，以固项王意。”而张良则返回关中，扰乱项羽以配合刘邦在汉中招兵买马筑坛拜将的暗中准备。未几，刘邦“明修栈道，暗度陈仓”，一举剿灭楚霸王，建立汉室天下，这中间张良是立了大功的。把一通刻字的书写强加在一位汉的大人物头上，心情可以理解。张良是春夏之交时节来到汉中的，不久就返归了，此时秦岭山中的积雪融化，河流水位是要上升的，“玉盆”石还会露出颜面吗？没几天的工夫，张良满心的汉王天下，有这闲情雅致吗？误了军机大事，可是不得了。

石门对石虎，就在河的东岸，一石峰从山间跃出，形似猛虎，有啸傲山林之态。此乃褒谷二十四景之一，旧有一刻石，在其峰下的山崖间。相传西汉隐士郑子真一日闲游至此，见石峰弓腰欲扑，乃惊呼：“虎也！”褒水汹涌，山林呼啸，郑子真为此胜景所震撼，乃书“石虎”二大字，以抒

◎汉 《衮雪》

胸中浩荡之情怀。昔日刻石早已不存，今还复刻有二石，其一还在石虎峰下，游人步行至谷口，抬头便可看见石虎峰，看见峰下岩壁上端刻的“石虎”二字。李白曾有诗云：“谷口郑子真，躬耕在岩石。高名动京师，天下届籍籍。斯人竟不起，云卧何所适。”踌躇满志的李白正一腔意气的时候，看到了岩壁上的郑子真，有些鄙视他。当长安城里一种看不见摸不着的势力，迫使他不得不潦倒他乡的时候，他再看郑隐士会怎样？

“衮衮飞涛雪作涡，势如天上泻银河。浪花并作笔花舞，魏武精神万顷波。”这首清人的诗是吟诵魏王曹操和他在石门所题的“衮雪”石刻的。曹操曾两次到过汉中，第一次是率军征讨张鲁，一番恩威并重，张鲁归降受封，曹操凯旋而归。第二次是由褒斜道而来，与刘备对垒，数月之中，刘备“敛重拒险，终不交锋”。曹操无奈，返回长安。据传，“衮雪”二字就是第二次驻军汉中时写的，刻在河中一块巨大的石头上。曹操至此，看到满河的激流，满河的石头，飞湍成满河如雪的浪花，心花怒放，诗情大发，所有的情感都凝结为一个意象“衮雪”，遂书之。随从看到“衮”字少了三点水，不解发问，曹操笑指褒河滔滔之水，大声道：“江中之水甚多，何需画蛇添足！”这通刻石还有款字：“魏王”。多么美好的传说！

在述说“石门十三品”的时候，我当然不会忘记离此地不远的两通汉隶名刻——《郙阁颂》和《西狭颂》。这两通与古道有关的纪事刻石，一在古金牛道上，另一在陈仓道上。二刻石与《石门颂》常并称“汉三颂”。《郙阁颂》书法俊逸，古朴茂密，风格沉郁，是汉隶八分书的成熟之作；《西狭颂》隶法简淡古质，浑然天成，有着浑穆的气象和开张的气势，素为书家所重。惜此二通刻石的现状还是不说为好。汉中故地，大量文物境况不容乐观，有清一代三百年，文物遗留有人都不认为是文物，分明有些奢侈了。

还有一些不甚知名的至今仍淹没在水中

自东汉永平九年（公元66年），第一通刻石《鄐君开通褒斜道》镌刻在石门，时光距今已经走过一千九百余年了。天上物换星移，人间朝代更替，石门石刻在不断增添着新的内容，且都静默地厮守在褒河谷口，以它们依旧完好的容颜迎接着每一天的早霞。石门洞中经年累月的行走过寻求生计稀稀落落的人等，也穿越过车辚辚马萧萧的大队人马，而他们都不曾将壁上的石刻损伤。秦岭的山是那么的稳当，一两千年也不曾有过地质的晃动，这真是石门石刻的幸事。当然，隋唐以后，人们在其头顶还开出了盘山的公路，石门间隔也能歇息歇息，这也减少了人们触碰它的可能。

20世纪30年代初，石门石刻在我们国家那场深重的灾难中，也经受了一次艰难。淞沪抗战爆发，著名军事专家蒋百里言于蒋中正公：“中日必有一战，要防日寇走八百年前蒙古灭南宋的路线，即由山西入潼关，越秦岭，占领西南腹地，那样国必亡矣。所以要经营后方，打持久战。”随即，川陕公路开始建设。而在褒谷口，走的就是石门道，那石门石刻怎么办？一位热爱古文化并有着深厚素养的年轻工程师，拿出了最为合理的方案，说服了一样对传统文化有感情的上司，将公路改道，在石门洞上游建了大桥，将公路成功地引向河东，绕过石门，石刻得以保存。想那困难的年代，资金是多么的紧张啊，一座桥梁的费用不会是小数字，这位年轻的工程师叫张佐周，我们理应给他及主政的人们以足够的敬意。

时间又过了二十余年，天灾频频降临在这块土地上，素来风调雨顺的汉中盆地也连年大旱。一座水库的建设正在酝酿中。坝址选在哪里？很显然，褒谷口的下游不远处有双峰对峙，省工省料，关键是库容大，灌溉的农田面积大。石门石刻的厄运似乎不可避免。轰轰隆隆的开山炮声响起，汉中当地有关部门的呼喊显得孱弱无力，死人要给活人让路，“四旧”更是要破的。他们向省上文物保管部门报告，由于是国家重点文物保护单位，按程序也出于文物保护工作者的责任感，省上又向国家文物部门汇报。无奈此时中央机关的工作人员也是挨批的挨批，下放的下放，接电话的回答也是模棱两可，看来，只有地方上视情况尽力而为了。在如此混

◎凿迁石门石刻

◎粘合《石门颂》

◎无奈的今日

乱的局面下，在民族传统文化的宝贵遗存遭受灭顶之灾的紧要关头，我们相信会有一种健康的力量发挥作用。于是，省市抢救石门石刻工作组成立了，他们集中各方面的智慧，制定出最佳的抢救保护方案，把石门石刻的代表性作品十三品从壁上深挖，切割下来，移地保护。当时，也只能是这样。

正如今天我们不好评说当初在吃饭活命和文物保护之间

的取舍一样，对于十三品为代表的石门石刻的凿取，我们依旧要采取保留的态度。假如是四十年后的今天，我们还可以让这些石刻安卧在原址，采取科学的水下保护措施。近年我们国家建设了几座水下博物馆，文物保护的效果非常好。至少也不至于让十三品在凿取的过程中，由于石质的缘由遭受那么大的损伤，或者说是损坏。像云母片岩的《大开通》，一动便起片，薄片稍不慎就碎，此摩崖在这次凿取搬迁中损失百分之二十。有的刻石在凿取时少的碎成数十块，多的碎成上千块，工作人员都细心地将它们用棉花棉布包好，编号装箱，到新址后黏合了起来。十三品中只有镌刻在鹅卵石上的“玉盆”“衮雪”等没有损伤。

来具体做这件事情的是一群当地的石工们，他们有着很好的技艺，更有着对祖先留下的文化的一份敬重之情。他们带着凿子和锤头，按各自的分工，有的走进石洞，有的爬上山坡，有的搭木头架子，有的拿镰刀割草，一场石门石刻的大凿迁，在一个特殊的年代，拉开

了灰色沉重的序幕。先是在石刻的边缘凿出深槽，厚度达到要求后，再从四面打眼，在眼中加入楔子，用锤往下凿。石刻与山体分离后就有结实的木架子接着，体积小一点的石刻就吊装在特制的木箱子里，体积大的就平放在地面上，等待运走。

将切割下来的石刻从山间安全地搬运到大路上，再运输到十多公里的新址，也是一大难题。像《山河堰记》重达十多吨，工人们给它铺上了枕木轨道，撬杠绳子一起上，九牛二虎之力后，总算把这些大石头安全地弄到了大路上。托了一位喜好写字的当地驻军官员的福，用部队的大车将石刻运到了新址。这个过程多么艰难啊，我们无缘结识四十多年前那群可敬的人们，听他们说说过往的艰辛，但完全可以想象他们曾吃了多少苦，受了多少

◎石门 已被一片茫茫的水域所掩埋

累，流下了多少汗水。

再后来就是修复了。在采用什么样的黏合材料问题上都需要请示军代表，真是一个特殊的年代。幸好我们的军代表能够听得进去专家们的意见，黏合完好后的石刻被安放在一排结实的水泥基座上。数年后，当地有关部门又为它们加盖了房子。又数年后，还为它们装上了钢筋玻璃的保护装置。

它们的新家就在今天的汉中市汉台博物馆。汉台是刘邦当年的治所，如今依然是殿宇林立，花木扶疏。走进汉代风格十足的大门，沿望江楼侧拾级而上，一座古朴幽静的院落又一座古朴幽静的院落，“石门十三品”的展室坐落在这处古建筑群的最深处。安静的石刻，怦然的心动，来到这里一时间什么都说不出来。

石门石刻，除距坝址较近的已遭毁坏外，还有一些不甚知名的至今仍淹没在水中，还能有机会见到它们吗？能见见当然好。

这些地方总有一种常去常新的感觉

“江南的才子北方的将，陕西的黄土埋皇上”。这句谐谑之言，不知何时也不知由谁发明创造，反正在前些年头甚为流传。撇开其揶揄陕地陕人的意思不讲，此言的后半句信为不虚。

中国历史上第一位皇上的陵墓就高大在灞水之东，与高耸的骊山比肩。盛唐的才子李白怜香惜玉，对一位长安女子伤别离的情绪予以充分地关照和理解。东南乐游原上青青草色，不足以提升她的心情，而西北的咸阳古道边，气派而讲究的“汉家陵阙”，也是“西风残照”，更增添了她“剪不断，理还乱”的离愁别绪。李白笔下的乐游原和咸阳古道两处地方，都是西汉的皇家王陵所在。“西风残照，汉家陵阙”这名句描绘的，其实是一幅多么诱人迷人的画面啊。西汉的十一位皇帝和他们的皇后全部都葬埋在这长安城周围。“长安灞阳茂平杜渭延义康”十一陵，九座就自西向东横陈在咸阳古塬上，而杜陵的汉宣帝和灞陵的汉文帝则居东南而望西北，萦绕长安的八水和南来北往的白云，织就着他们的宗族亲情。

大唐一朝，中国历史上又一个木秀于林、形高于众的朝代，都于长安，三百年的历史，二十一位君王，其中十九位皇帝的十八座陵墓也坐落在关中的地盘上。女皇武则天真是个聪明过顶之人，葬时不仅立了一块寓意深长的无字碑，还去掉了帝号，以则天皇后的名分和高宗李治合葬乾陵。昭宗李晔和哀帝李柷在唐末的战乱中身不由已，无奈长眠在了河

◎九嵕山 刺破天

南的洛阳和山东的菏泽。

关中平原的北部，是东西走向错落起伏的一脉浅山，林木葱郁，水绕云拂，秀美深厚，唐的十八陵就与山相谐，横亘在这群峰之中。因山为陵，古已有之，汉文帝霸陵、满城中山靖王刘胜墓、曲阜九龙山鲁王墓都是不复堆土的因山为陵。但这些都是偶尔为之。从唐太宗李世民开始，这种葬法被定为了制度，李家子孙必须“奉以为法”。高祖李渊过世得早，世民皇帝之后，陕西的十六座唐帝陵，十三座是因山为陵。还有三个表现不好的，不遵守纪律，把家长的话当耳旁风，仍为自己弄了一大堆劳民伤财的土，着实不注意搞好廉政建设。这便是庄陵的敬宗、端陵的武宗和靖陵的僖宗。

我们还除过秦以前的诸如秦公一号大墓不说，秦以后不大显眼的朝代不怎么有名堂的皇上也不讲，但还有我们的华夏始祖黄帝陵绕不过去吧。即就说帝王陵。仅凭这威猛的秦汉、强盛的大唐，几十座皇陵星罗棋布般安排在关中大地上，你完全可以想象这关中是怎样一种气质，怎样一般模样！作为一个陕西人，这几十座帝陵我也并没有全部到访拜谒过，却无数次地从它们的身旁经过过。“八百里秦川尘土飞扬，三千万老陕齐吼秦腔。一碗黏面喜气洋洋，没有辣子嘟嘟囔囔。”每怀着一腔豪气，高视阔步在秦川大道上，心中都会悠然升腾起一种幸福感和自豪感，就像自己的年龄渐长，兄弟几人，堂上老人有幸由我来侍奉，每天还能像孩子一样承欢膝下，心里踏实，做事也稳当。陕西实在是皇天后土，风水宝地。

在这些陵墓中，我去次数最多的大概就是乾陵和黄帝陵。外地的亲朋好友来，总要选这些由于旅游宣传名气较大的地方去参观游览，我自然就会去了又去。但真正为我情感所牵系的，却是礼泉的昭陵还有兴平的茂陵，原因是那些唐代的碑石和汉代的石刻。兴趣使然，这些地方总有一种常去常新的感觉。

再一次踏上寻访昭陵的路程，是在一个大田的麦子葱茏滴翠、奋力拔节的时候。车子驶出西安城北向，有一种冲出笼子，可以畅快地透透气的感觉。也就几十分钟的路程吧，路标就显示出了“礼泉”的字样。“清明时节雨唰唰，路上行人淋日踏。借问昭陵在阿达？牧童遥指在兀达。”篡改这首名诗的，是驾车的朋友。其中的字眼即就是不大熟悉陕西方言者，也能从字面联系到该诗作猜出个大概意思。在轻快的笑语中，在薄薄的雨雾里，我透过车窗玻璃已经隐约看到山势嵯峨、高耸如云的九嵕山了。

九道山梁拱举着的那座峰山势巍峨

长孙皇后是中国历史上一位出了名的贤内助，贤良仁爱，才华出众。唐太宗李世民能登顶唐王朝的宝座，并且能在中国历史上操作出一段伟大的“贞观之治”，与这位不同寻常的女人鼎力相佐是分不开的。

当初的“玄武门之变”，秦王府内对世民私党作战前动员的就是她，一番奋勇杀敌同取富贵的殷勤慰勉和鼓励，使得“士皆感奋”，一举拿下太子和齐王，秦王顺利地升格为唐王；不要以为太宗皇上打心眼里喜欢魏征的唠叨，爱听好话是每个人的软肋，当太宗要杀魏征田舍翁时，是这个长孙皇后的主明臣直的理论让太宗转怒为喜。遇到这样一位德才兼备的老婆，是太宗皇上的福气。我想太宗皇上一定是很敬长孙皇后的，但是不是惧内不知道，惧也没啥。

生前之事尽心辅佐，身后之事长孙皇后留下了这样一段话：“今死，不可厚费。且葬者，藏也，欲人之不见。自古圣贤皆崇俭薄，惟无道之世，大起山陵，劳费天下，为识者笑。但请因山而葬，不须起坟，无用棺椁，所须器服，皆以木瓦，俭薄送终，则是不忘妾也。”讲这番话的时候，实际上长孙皇后已是病入膏肓弥留之际。于是，在享年36岁的皇后长孙氏崩于立政殿后，太宗依其遗言，在九嵕山的半山腰开凿了一个石窟，临时安厝了长孙皇后。可怜的太宗皇上从此心无所依，情无所归，日日思念长孙皇后，在苑中建层观以北望，他把葬埋长孙皇后的九嵕山定名为昭陵，决心自己驾崩之日找她去。因此，典籍中的此妃彼妃后来与太宗耳鬓厮磨、情意甚笃的记载值得怀疑，不了解我们男人的心。

这长孙皇后之所以葬埋在九嵕山，可不是随随便便的事情，皇家的事情没有一件是小事。我们中华民族自古礼仪之邦，不能简单认为只是见面你好、分手再见、乘公交要排队。早在唐之前百千年的西周，周公旦就为我们制订了一套天上人间的礼数，祭天地人神可是个大事情，不仅牵涉到人的文野之分，更主要是关乎国之长治久安。周王就是天子，到了帝制时代的皇上也应该如此。其实，到了唐代的时候，中国的帝陵和一般的墓葬早已经形成一种文化了。因此，关中北部的九嵕山之所以能成为唐太宗李世民和长孙皇后的长眠之地，可是让一班子人费了神的。

◎一百年前的昭陵东庑

武德时期，唐王朝初建，但各地还是闹闹惶惶的很不安定，朝中的一班子人还没有工夫考虑李渊死了咋办。玄武门的事情让这位高祖晃晃摇摇没几年就不行了。正在太宗皇帝颇费脑筋的时候，那个会写字的书生虞世南一封信又一封信喊叫着要节俭。最后太宗还是较为俭省地把老爹给埋了，为此心里很是郁闷。唐太宗打心眼里认为大唐的功业要高过前汉，以后就因山吧，因山为陵一定会高过汉的那些陵墓。于是，他想到了驰骋游猎时曾让他赞叹不已的九嵕山。一拨又一拨的神秘高人看过算过，就是这九嵕山了！

古代把小的山梁称为嵕，九道山梁拱举着的那座峰山势巍峨，刺破青天。这山不仅山石嶙峋，林木葱郁，风光奇绝，关键它符合了帝王陵寝最好的风水条件。山势高而险，既可显示出帝王的至高无上，又可防止水的浸泡。但陵的前后要有水，寓意取之不竭，江山永存。陵的左右要有较低的山来拱卫，不致使吾皇成光杆司令。前面应是开阔的平原，有君临天下太平盛世之感。这么多的曲曲弯弯，看来，因山为陵，不光是为节省民力，防止盗贼啊。

细想来，这昭陵真的都符合了古代陵墓堪舆的风水条件。坐拥九嵕之山，俯瞰关中平原，渭水映带其前，泾河护佑身后。唐人比几百年前的汉人要有眼界，汉人只会在长安城边上打转转。将作大匠阎立德是营建昭陵的总设计师，曾因设计规划不够大胆而被太宗解职后又重新启用。这昭陵从长孙皇后崩后就开始建啊建，历时百年，一直建成了世界上陪葬墓最多，面积最大的封建帝王陵园。

站在九嵕山的半山腰南望，广袤的关中平原坦荡如砥，春意盎然，一个个村庄随意散落着，人们在自由地走动奔忙。但在一千多年前，九嵕山下的这块地方是不可以随意居住的，只有守陵的人在此履行着自己的职责。从贞观十一年（公元637年）中书令温彦博陪葬在这里开始，近百年间先后或有三百人的一百九十余座墓葬座落在这里。这些勋臣贵戚为了君臣情谊，死后也不能回到他们的家乡。他们的墓前立起了高大石碑，记载着他们的生平事迹。春去秋至，酷暑严寒，只有远方走来的风拂过碑面，轻轻低语。

至少可以让我们去仔细思考一下宋以后的书写等问题

西周的时候，祭祀是国家和社会民众日常生活中很重要的事情，祭祀讲究时辰，可钟表在哪里？就看日光的影子吧。于是，宗庙殿堂门前栓牲口的石柱子就成了很重要的计时参考。这宗庙殿堂门前的石柱子叫“碑”，这似乎与我们今天称之为碑的概念相去甚远。

葬埋死者是要在墓坑的旁边立一些也叫作碑的木头桩子的，它的功用是供人们下棺材时用以牵系绳索。逝者长已矣，生者常戚戚。忽然有一天，在一个葬礼结束之后，有一个人泪流满面，在木头桩子上用锋利的器物刻下了此时此刻的悲痛心情，以寄托对逝者的怀念。人同此心，渐渐地人们

都这样效仿，渐渐的木头换成了坚实经久的石头。碑的概念悄悄地发生着转换。及至两汉，这石头已发展成为碑首碑座齐全，周身纹饰讲究，碑面刊刻着整篇颂文的现实意义上的碑了。从墓道的意思上生发，人们又给这碑子赋予了一个很庄严的名字——神道碑。大人物的碑子肯定要有当朝的书法高手来写，于是，书法艺术得以流传。

◎清一色的唐碑保护得真好

唐初既定，从下层走到最高权利的统治者十分注意打破阀阅门第观念，不拘一格为国家选贤任能，书法为其选才的重要标准之一。而汉字书法艺术从两汉的隶写经过近两百年的南朝游弋和北朝的进击，立刻在唐代找到了与其社会制度和意识形态相适应的书写方式，至法至则的唐代楷书随之产生。“欧虞褚薛”等人以一种不容置疑的态度，为它们规定

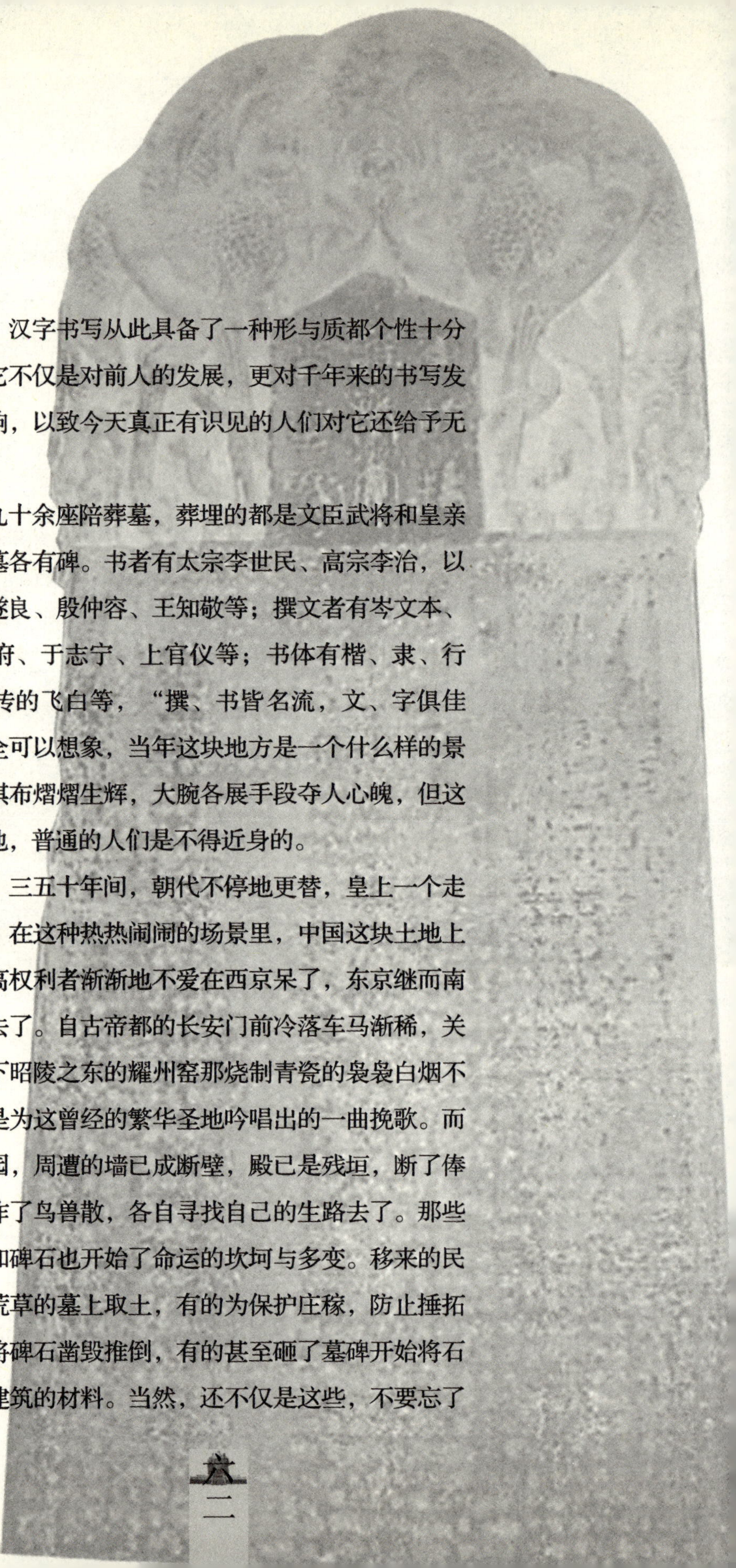

了书写的范式，汉字书写从此具备了一种形与质都个性十分鲜明的形态。它不仅是对前人的发展，更对千年来的书写发生着重大的影响，以致今天真正有识见的人们对它还给予无限的尊重。

昭陵一百九十余座陪葬墓，葬埋的都是文臣武将和皇亲国戚，因此，墓各有碑。书者有太宗李世民、高宗李治，以及欧阳询、褚遂良、殷仲容、王知敬等；撰文者有岑文本、许敬宗、李义府、于志宁、上官仪等；书体有楷、隶、行草，以及曾失传的飞白等，“撰、书皆名流，文、字俱佳品”。我们完全可以想象，当年这块地方是一个什么样的景象，名碑星罗棋布熠熠生辉，大腕各展手段夺人心魄，但这种庄严肃穆之地，普通的人们是不得近身的。

唐末乱世，三五十年间，朝代不停地更替，皇上一个走了另一个来了。在这种热热闹闹的场景里，中国这块土地上封建社会的最高权利者渐渐地不爱在西京呆了，东京继而南京、北京地玩去了。自古帝都的长安门前冷落车马渐稀，关中的文明只剩下昭陵之东的耀州窑那烧制青瓷的袅袅白烟不绝如缕，仿佛是为这曾经的繁华圣地吟唱出的一曲挽歌。而大唐的皇家陵园，周遭的墙已成断壁，殿已是残垣，断了俸禄的守陵人也作了鸟兽散，各自寻找自己的生路去了。那些众多的陪葬墓和碑石也开始了命运的坎坷与多变。移来的民人已经在长满荒草的墓上取土，有的为保护庄稼，防止捶拓之人践踏，或将碑石凿毁推倒，有的甚至砸了墓碑开始将石头作为农具或建筑的材料。当然，还不仅是这些，不要忘了任何时候都有盗墓贼的存在。后朝的皇帝也对这些陵园做过修整，但毕竟已不是他们的先人了。

一千年的时光有多长，一千年的岁月里都会发生些什么事情？譬如昭陵，那些镌刻着先贤的锦绣文章，记载着名家高超书艺的碑石会怎样？北宋的游师雄于《题太宗昭陵图》中，为我们透露出了一点点信息：昭陵碑石“十亡八九”。而当年的昭陵一百九十余座陪葬墓，除少数宫人墓不立碑外，皆有碑碣以述墓主之德。念之系之，心情沉重。

20世纪70年代中期的某一年，春风初度草木泛青的时候，九嵕山下的大田里，村庄旁，一群穿着黑灰衣服的人们开始忙碌了。他们肩扛车拉，用最笨拙最原始的方法，将一块块高大的碑石，集中在了昭陵陵园中心部位的李勣墓前，当局在这里建起了轴对称的仿古建筑，作为碑石安身立命的处所，真是难能可贵。北风吹雪花飘了，他们已将能移来保存的四十余通碑子竖立在了宽敞整洁东西相对的两座大厅里。久经历史风霜的碑石们，洗去尘埃，露出了他们真实生动的面容，心里热乎乎的，充满了激动。

朋友一再给我慨叹，中国古代书法应该到唐就截止了，想想这话有道理，至少可以让我们去仔细思考一下宋以后的书写等问题。昭陵的碑石价值几何？我们从朋友发言的意义上可以得出结论。北宋以降，有近四十部著作记述昭陵碑石，诸如欧阳修《集古录》、赵明诚《金石录》，毕沅《关中金石记》、王昶《金石萃编》等。这些著作著录昭陵碑石大都在三二十通之间。而在20世纪70年代末，国家文物局对碑刻有过一次甄别鉴定，从而确定了第一批书法艺术名碑名单。陕西共有九十四通碑石名列其中，昭陵碑石就有二十二通榜上有名。就唐碑而言，比西安碑林还多出两通。照单开列显得很没有才气，但直观直接，方便看官，是对读者的尊重：

《温彦博碑》	《段志玄碑》
《高士廉茔兆记》	《孔颖达碑》
《房玄龄碑》	《豆卢宽碑》
《薛收碑》	《李靖碑》
《张胤碑》	《尉迟敬德碑》
《兰陵公主碑》	《杜君绰碑》
《许洛仁碑》	《张阿难碑》
《马周碑》	《阿史那忠碑》
《李勣碑》	《姜遐碑》
《乙速孤神庆碑》	《乙速孤行俨碑》
《唐俭碑》	《牛秀碑》

这世间又多了一种欧阳氏隶字的书写

昭陵碑林陈列室，高大的碑子沿后墙并排而立，初一进去，那种凝重，那种沉重，压得人透不过气来。《温彦博碑》也称《虞恭公碑》，是昭陵碑林中名气最大的一通碑子，作为欧阳询存世的几通碑子，曾大量印行，版本众多。

欧阳询八十一岁时书写了这通碑子，与他的《九成宫碑》和《化度寺碑》相比较，这通稍晚些时候的书写，要平实温和了许多。欧阳询七十二岁时书写的《九成宫碑》，素来为学书者临习的范本，影响最广。它的易方为长，险劲瘦硬，一个个字像一座座削成的孤峰，而又能将小的字处理的愈小，扁的字处理得愈扁。这种大胆的对比，再加上用笔的瘦硬多方，构成了欧书鲜明的特点，《九成宫碑》也成了欧阳询代表性的作品。书写《化度寺碑》时，欧阳询七十五岁，此通碑子已经不存于世，清末在敦煌石窟中发现的拓片至今还流落海外。在这通晚《九成宫碑》三年的书写里，就已经将用笔的锋棱毕现有所消减，或者说，将用笔的极端化倾向回收至单纯纯净，结字也趋向均匀，“笔短意长，雄健弥复深雅。”到了《温彦博碑》，平正婉通，一派清丽，已感觉不到丝毫的剑拔弩张。也许是年事已长，心气渐平，褪去了火气的欧书用笔上也摆脱了刻板拘谨，此时完全获得了一种自由，无拘无束，臻入一片化境。这通碑子加之欧阳询最后的《皇甫诞碑》的书写，可以说欧阳询才完成了一个自己。很显然，《九成宫碑》用笔的起讫分明，也许适合临习，但《温彦博碑》则更宜于阅读和体味。这通碑子较之其它几通碑子，字体稍小一些，碑面的大部已漫漶不清，碑子的下部还有断裂。但从一些尚可辨识的文字看，欧书的风采依旧。从拓片可以看出，欧阳询的这部书作，其线条在继续保持瘦劲的同时，还稍许多了一些丰腴浓润的圆融感。

温彦博也算是唐初的一代良相，为国尽忠竭尽其能，深受高祖和太宗的厚爱和器重。阅读他的传记，有两点让我很有想法。一是讲他幼时颖悟，口才流利，长于驳辩，人皆叹其卿相之才。而为官上朝，他朗朗成诵，声音响彻殿庭，且举止雍容，大方得体，这给了我很多的想象。我想到了唐朝的遴选官员“四事择其良”的“身、言、书、判”。书我们很熟悉，就是书法的水平高低。而身就是要仪表端庄，高大

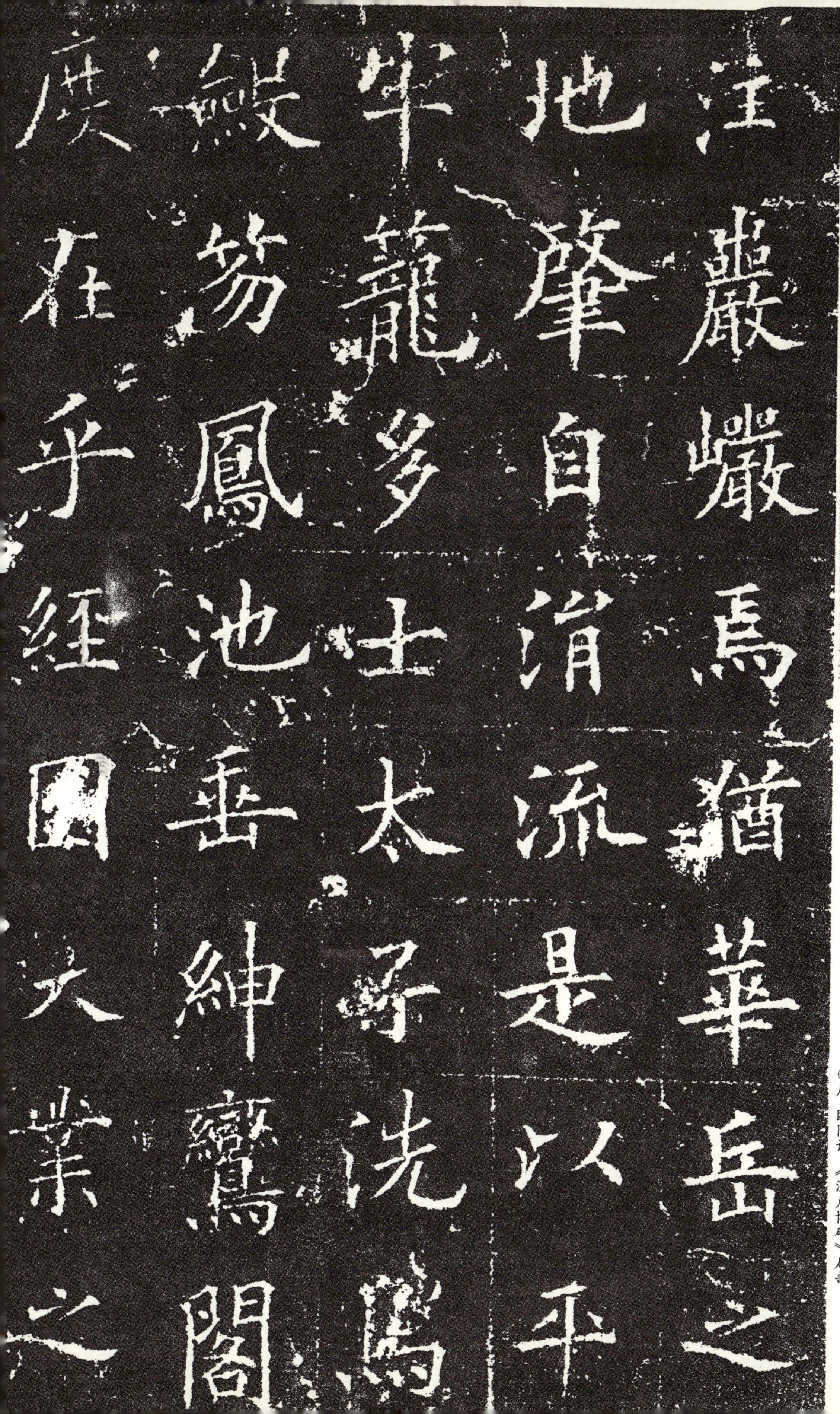

◎唐 欧阳询《温彦博碑》局部

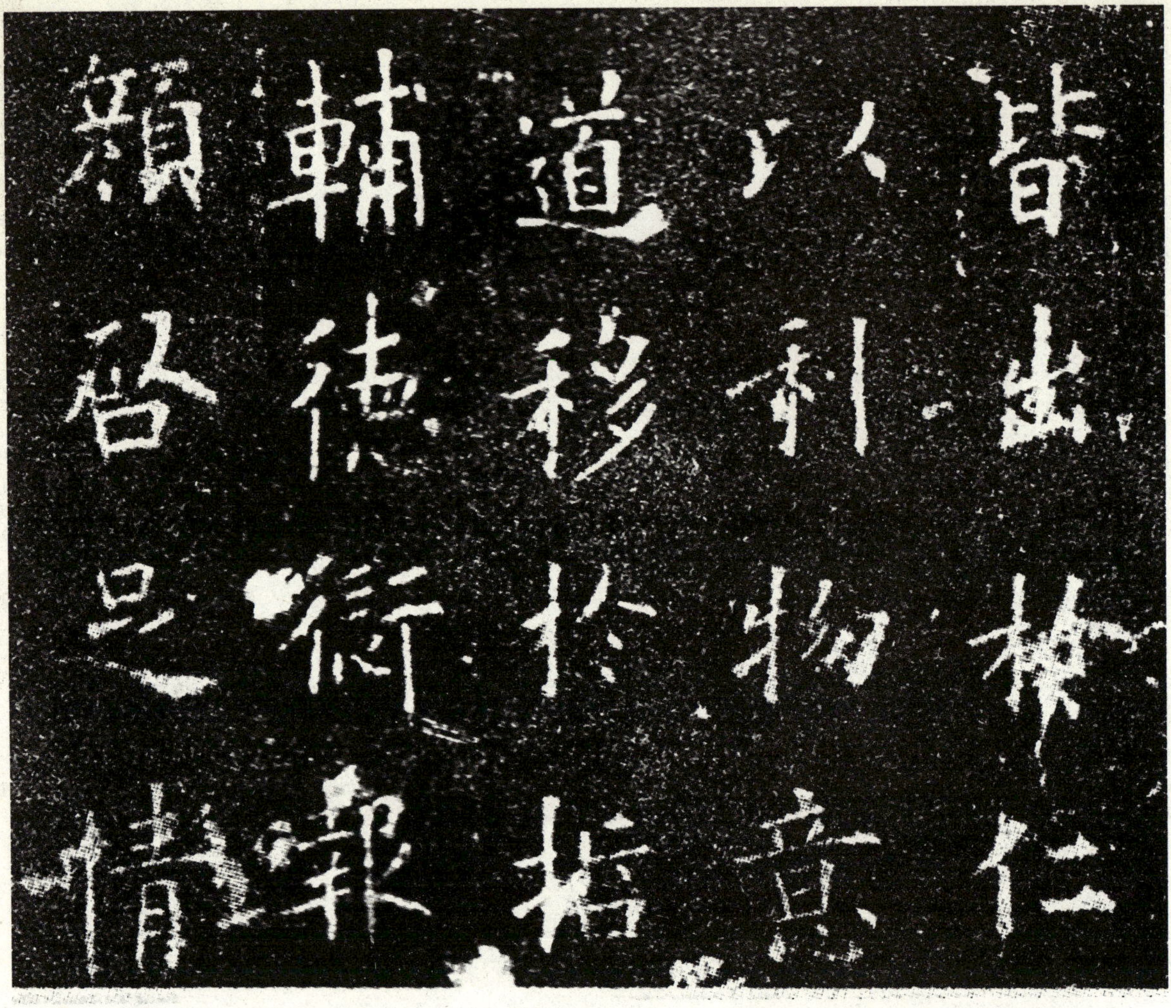

◎唐 欧阳询 《温彦博碑》局部

威风，相貌堂堂。言就是口齿清楚，抑扬顿挫，铿锵有力。判就是要有较高的智商，思维清晰，逻辑推断能力强，不能糊涂官断案。所有这一切都代表着朝廷，代表着大唐，要有一种气度和自信。而史料对温彦博的生动描写，让我们看到了这些举仕的条件在他身上得到了全面的体现。还有一点让我感慨的是，温彦博殚精竭虑，过度操劳而死，而死时家无正寝，没有像样的地方停尸，殡于别室。太宗看到自己的官员这么清廉，真的是感慨万千，命人赶紧建一所厅堂，停放灵柩。那么大的官，也不搞点儿腐败，结果弄到最后惨得连个停尸的地方都没有，你还是朝廷高管呢？我们一开口就是封建社会如何，封建皇帝怎样，我们对传统文化总有这样那样的疑问，好像事情不应该是这么简单吧。

在昭陵碑林，欧阳询除过《温彦博碑》外，还有两个书写，一是《长孙皇后碑》，即《文德皇后碑》，另一个是《昭陵六马赞》，这两种书写均为隶书。张怀瓘的《书断》称欧阳询是一位“八体皆能”的书家，“篆体尤精，飞白冠绝”，此言不虚。虽飞白不见影踪，但《九成宫碑》的碑额篆字就出于他本人之手，隶书的碑子今尚存两件，一是立于陕西周至的《大唐宗圣观记》，另一通是立于山东章丘的《房彦谦碑》。对欧阳询的隶书，前人有不少较为中肯的评价，认为“遒婉可爱”，又“极挑拨险峻之妙，与正书正是一律”。还有行书，也有《仲尼梦奠帖》等墨迹传世，同样清劲肃穆险峻过人，也可以认为“与正书正是一律”。

长孙皇后过世，太宗一定会为她立一通讲究的碑子，这书丹之人当然非当朝第一高手的欧阳询莫属。但十分遗憾，这通御制的《文德皇后碑》，宋人还曾在资料上标注过它的位置，后来就不见踪迹了。研究发现这通碑子竟被经过改造挪作它碑的材料之用。这就是在公元2001年7月，一次对昭陵北司马门（明清时称谓祭坛）明清祭陵碑整修复位时，细心的昭陵人从其中一通碑子榫的部位发现了“率更令臣欧阳询奉”的字样。终于，昭陵第一碑有了少许让人可以安慰的交代。20世纪70年代，昭陵人曾在搬运《孔颖达碑》的过程中，就在榫卯处发现过惊喜，这次也可能是受到了它的启发。有这份心思和好运气的正是一直陪同我参观的副馆长，我对他心存敬意。但我不明白，为什么这大唐的第一碑，会让后人毁作它用，绝不会是制碑时缺少石料。

太宗为文德皇后“自为文，刻石与昭陵”后，“又琢石像平生征战所乘六马，为赞刻之”，这赞刻在了哪儿？史料没有记载，今天在学界还是个争论不休的问题，可以肯定的是，在宋代已无缘得见其面容了。但还好，有“率更令臣欧阳询奉”等八字，这世间又多了一个欧阳氏隶字的书写，不是吗？

◎仔细看这件欧字的隶写还不止八个字

也是“褚体”艺术风格定型的代表作

欧阳询立在山东章丘的隶书《房彦谦碑》的碑主房彦谦，是贞观一代名相房玄龄的父亲，山东也是房氏的老家。时光好像有些残酷，迟暮之年的房玄龄是不是要求过初唐的另一位书法大家褚遂良来日为他书写墓碑，就不得而知了。但这位大人物的碑子确实是由褚氏遂良来书写的，今天就收藏在昭陵碑林里。

房玄龄和褚遂良是有过交情的，他曾与褚遂良受诏共同重撰了《晋书》，太宗颁赐过奖赏。而后一次很小的过失，房玄龄误触逆鳞，被罢去了一切职务。他的好同事褚遂良为他鸣不平，上疏陈述玄龄功德，劝太宗皇上“不可以浅鲜之

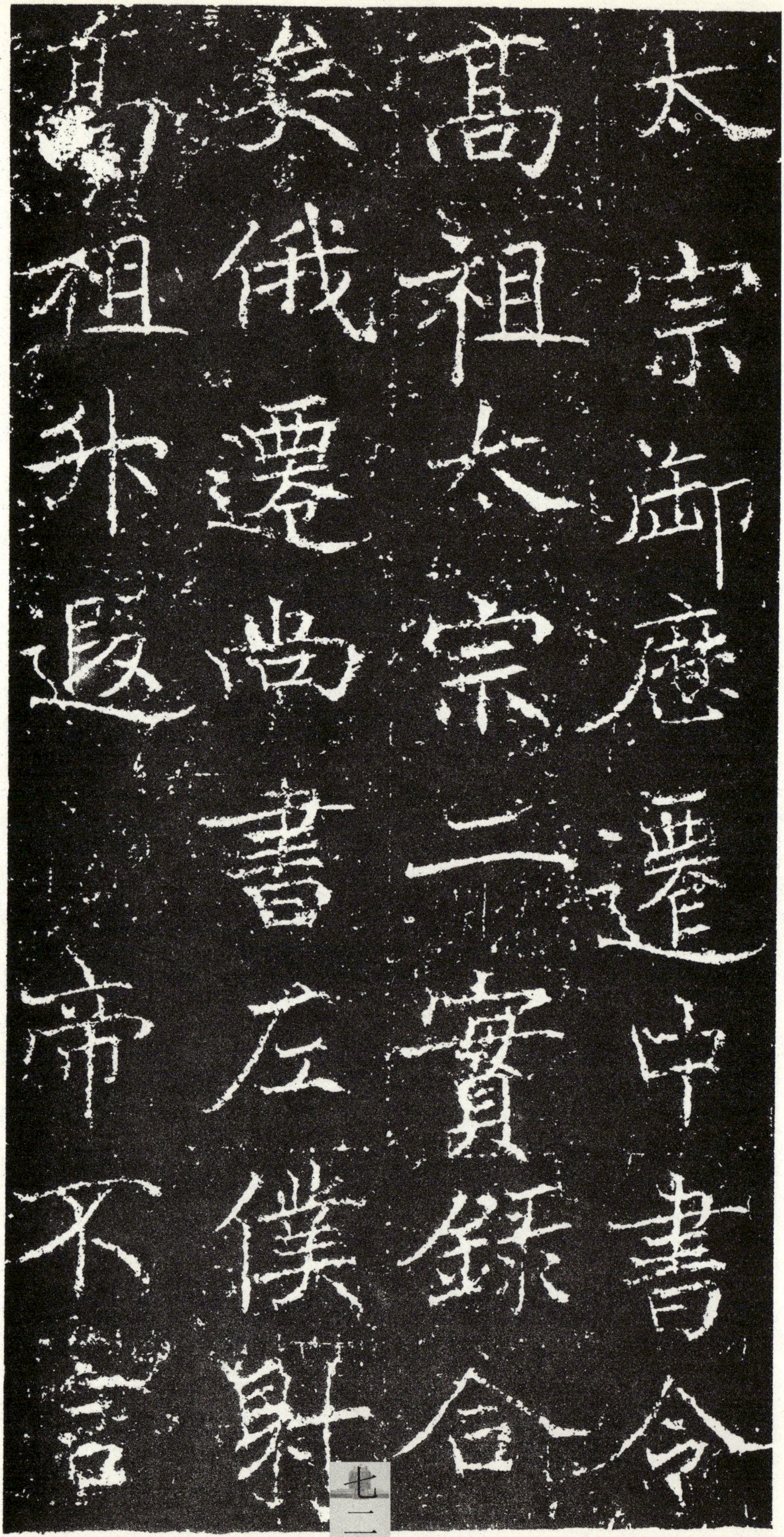

◎唐 褚遂良《房玄龄碑》局部

古长安碑刻说三部曲之

过，弃数十年之勋旧”。太宗接受了褚遂良的意见，下旨恢复了房玄龄的一切职务。所以，房玄龄过世之后的碑子由褚遂良来写，是再自然不过的事情了。

你说，这智者千虑，必有一失，房玄龄侍奉太宗，时时处处谨慎小心，一生却失过两次，让太宗罢过两次官。其中一次是长孙皇后给他说的情，这皇帝也真的是太难伺候了。不过，这太宗皇上也绝不是个傻子，谁是怎么样一个人，他心里是清楚的，不然，房玄龄也不可能居相位十五年之久。贞观时制定律令，选拔人才，重大政策措施及施政方针的谋划和执行，房玄龄虽都是大手笔，但多少显得有些事无巨细，真正显示出其英雄本色的，还是在大唐方定和玄武门夺嫡。

隋末的李渊起兵太原，直扑关中，迅速推倒炀帝大业，建立了政权，并立了太子。但四方仍是群雄时起，一片分崩离析，要想统一天下，那还是着实得费一番功夫的。爹当了皇帝，长子立为了太子，都不大想离开京城圈了，这老李家的烦心事只有靠次子李世民来了结。本来在杀进长安的时候，勇猛过人的李世民功劳就大。在得到了房玄龄等人的辅佐后，更是如虎添翼，迅速率兵平定了西北，继而又剑指长安之东，剪灭了刘武周等强敌。在面对王世充的洛阳城时久攻不下，八个月的征战，疲惫思归。太子恐世民功高，忽悠老爹赶紧令世民撤兵，世民犹豫之际问于房玄龄，玄龄道：“今大王统诸军东讨，东方诸州，望风而逃，唯余洛阳一孤城，其势定不能久，功在垂成，一劳永逸，怎可弃之而去，使敌势复振，以遗后患？”李世民坚定了彻底破敌的决心，又听从了房玄龄设计的战术，一举击溃王世充和窦建德的联手，胜利班师。在太子一而再地谋害李世民时，又是房玄龄发言：“今嫌隙已成，一旦祸机窃发，岂惟府朝涂地，实乃社稷之忧；莫若劝王行周公之事，以安国家。存亡之机，间不容发，正在今日！”雄才大略的李世民终有机会为历史演绎了一段四方安定、蓬勃向上的精彩篇章。

唐太宗在执政的后期猜忌多疑，弄得朝廷内外的好多同志左右为难，无所适从，也可能是人性的多样，或也是不得已而为之。从他对待去日不多的房玄龄的态度，还可以看出其大皇上纯爷儿们真性情的一面。当听说房玄龄病情十分危重的消息，在长安之北两百里外玉华行宫中，同样在和疾病抗争的太宗立刻让人将他召到自己的身边，让御医为其诊治，让内廷尚食为其做御食。君臣见面之时，“执手相看泪眼，竟无语凝噎”。而房玄龄在几乎不能讲话的时候，还在为朝廷之事建言。中国的师爷向来有鞠躬尽瘁死而后已的光荣传统，他们是王朝大厦最主要的梁柱子。所以，帝制才可以长久通行。历史地看，他们是要受到批评的。当年的金戈铁马，贞观的日理万机，英雄暮年，辉煌难再，唐太宗愈加关爱老战友，此时君臣的概念可能要很弱，友情的成分可能会大了很多。每当听说房相病情稍有好转，太宗便喜形于色；听到玄龄病情加重，就伤心流泪。最后，为探视方便，太宗令人凿宫墙开门，直通房玄龄住处。在房玄龄弥留之际，端直又提拔了他的两个儿子。一般皇上都是神龙见首不见尾，城府特深，也大都飘飘然，唐太宗能这样真诚对待自己的大臣，蛮令人尊敬的。当然，类似的事情在历史上也不是个例。

我曾站在贞观当年玉华行宫的遗址上，看群山起伏，听林涛阵阵，想象过往，时光就如同涧底的流水一样，去了。倒是玄奘僧在此译经的佛堂遗址正在发掘清理，朋友在小鹅卵石铺就的门道上顺手捡了一块，用纸巾小心翼翼地包了带回，玄奘师曾踩踏过嘛。

初唐的历史最为人们所熟悉，那几位促成了这段历史的主要人物也最让人们感兴趣。而这些初唐的主角大都葬埋在九嵕山下的这片土地上，继续陪伴着他们的英主，听风声雨声，观雾霭流岚，也会时时忆及那段他们共同缔造的梦幻般的气象。而墓前高耸的石碑，则永远在无言地向今天的人们叙说着一切的一切。其实，这墓碑上的官样文章如果细读进去，你会感觉到一种鲜活生动所在，有描写，有叙述，有议论，文字古雅，意趣横生，文气贯通，跌宕自然。当然，这些文字都是出于当朝高手。一般的碑子，都会注明撰文者与书丹者姓名，《房玄龄碑》的撰者却不祥。这通碑子的书写，在褚遂良存世的几通碑子中算得上是发挥很好的，那种开阔稳健，疏落大方显示出了不凡的气度。线条的瘦劲凝练，筋骨内含，不似《雁塔圣教序碑》《孟法师碑》等用笔有铺毫。铺毫书写腕上有时泛松，处理不好字的姿态易显婉媚，乏力度。褚遂良虽初唐四家，但年龄要小欧虞许多，书写也受他们的影响，欧虞南派的底子，融入北朝的书写元素而成面目，褚遂良也在南北二者之间，可能服膺于晋人的东西更多一些。其他的书写则更多的是流利温婉，《房玄龄碑》有力度有硬度，心性上可能更倾向于北派，因此，也更值得珍贵。一般也都认为，《房玄龄碑》和《雁塔圣教序碑》在艺术上，已经达到了十分精熟的程度，也是“褚体”艺术风格定型的代表作，但人们重视《房玄龄碑》的程度往往不及《雁塔圣教序碑》等帖子。

临习还是要选择《尉迟敬德碑》这样的书写

古人立这些碑子是什么目的？肯定不是为了传承书法艺术，但普通人等，从其书写上获益良多。因此，一提碑子好像书法的意义占了全部。古人立碑是为了记事的，但为了美观，肯定不能找文案上的笨笨来写，一定是由当时的书写高手来操刀。书写是社会生活中的寻常事，稍有条件的人都是要比画两下子的，于是前人的书写就成了范式，由此汉字书写渐渐便形成了大众的实用书写和小众的艺术行为两个层面。碑刻是最原始的第一手历史资料，它真实地记录着过往的政治经济文化生活的方方面面，细细考订所得到的信息，仍为我们今天的治学者用之不尽，这才是碑刻的重要意义与

价值所在。其次才是它们的书法作用。关于这一点，前人已有很明确的认识，即就是在历史上那些众多的金石论著中，也是言碑刻之史料多于书法。《金石录》讲“史牒出于后人之手，不能无失，而刻词当时所立，可信不疑”。叶昌炽在《语石》中也专门强调了“碑版有资考订”。《集古录》《金石萃编》《八琼室金石补正》等，大都叙说的是碑刻的史料，之后才言说书法意义。

昭陵碑林的碑子也是一样，碑文所涉及的内容博大而精深，碑制所反映出来的信息丰富而多彩。有出版社朋友曾几次邀约，让我写点文字专门谈谈一些名碑的碑文，我都谢绝了。选题倒是一个好选题，可我清楚自己读了多少书。当然，碑文中的内容大概还是能读懂的，不同历史时期的碑文曾给了我阅读的快乐，在临写的时候，我有时也会采用以碑文的断句去连贯性地写一阵子，体会一下碑子书写贯通的感觉。

站在昭陵碑林，那些皇亲国戚文臣武将的生平，那段花开花落云卷云舒的岁月，都会通过一座座黑黝黝的碑石还原给你，让你心潮澎湃思绪万千。《李靖碑》同昭陵碑林的许多碑子一样，残损模糊严重，但面对这真切的历史实物，你会想到曾读过的唐人传奇《虬髯客》，想到年轻英武的李靖与红拂美人的倾心相恋的美好传说，想到《封神演义》《西游记》等文学名著中的托塔天王和他的儿子哪吒三太子的故事。当然，这是对

◎唐　王知敬　《李靖碑》局部

初唐大将李靖的神化和演绎，它的历史根据一定是李靖的智勇过人和盖世功勋。的确如此，在唐初统一的战火烽烟中，当李世民在北中国纵横叱咤所向无敌的时候，南中国便是李靖的运筹帷幄决胜千里。可以说，李靖在唐统一的战争中，功劳似乎比秦王小不了多少，打下来的地盘面积在那儿放着，当然他好像是没有遇到像王世充、窦建德那样的硬茬。但后来在吞灭突厥和西平吐谷浑，稳定唐王朝统治的决定性战争中，太宗李世民可完全是对李靖的依恃。甚至在暮年的李靖羸老多病不能行走之时，太宗用兵高丽还要拜他为帅。其实，李靖作为隋的旧臣，是李世民把他从李渊的刀下救出来的。入唐后，起初也是任一些文官虚职，而在转入了军事行当，其卓越的才能瞬时迸发了出来，屡建功业，且有兵法专著数卷。更让人惊叹的是，在其军事天才绽放光华之时，李靖已是过了知天命的老干部了，要让你二线也就二线了，没料到老来红老来俏，余热灼人，把贞观的边塞天空烧得一片红霞。

《李靖碑》高4米余，工楷39行，行82字，世传为王知敬书。此书作楷法端严，用笔干

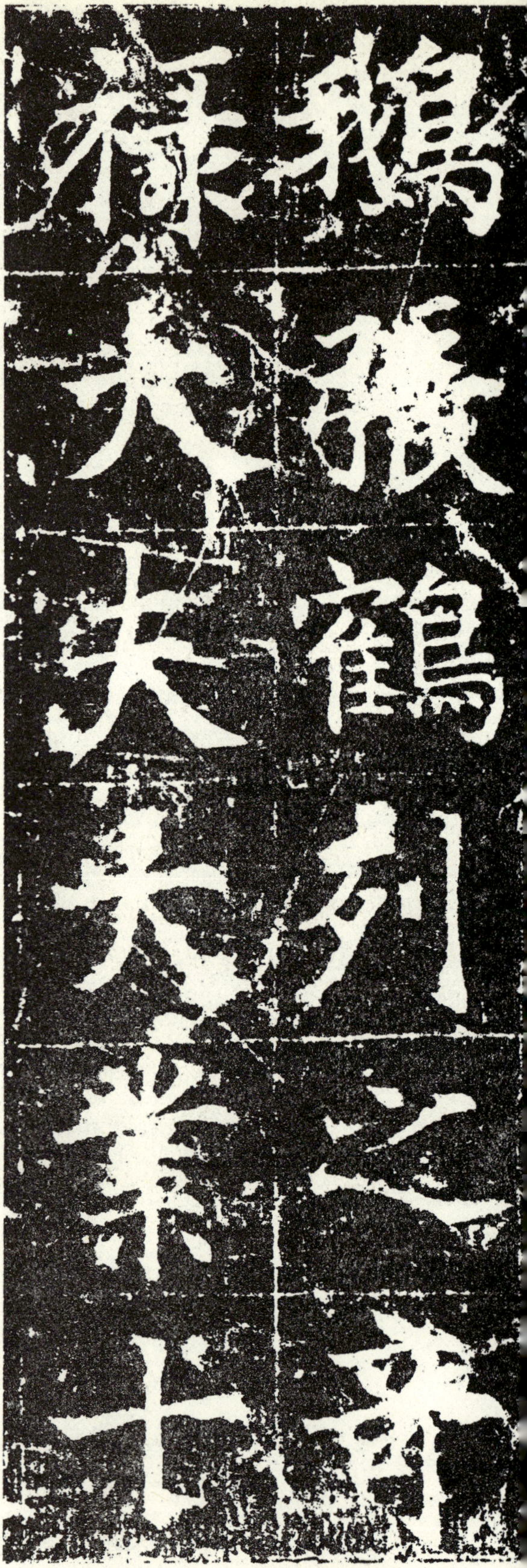

◎唐 王知敬《尉迟敬德碑》局部

净，结字平稳宽绰，落落大方，没有丝毫的张扬之意，读之有肃穆之感。有碑意渗透在点画间便毫无柔媚，线条纯以骨力，腕下坚定，凝重森严，真的让人觉得是在给一位值得尊敬的逝者书写。王知敬也算是一个唐楷的高手，俗名不大，但圈子里多有认可。张怀瓘在《书断》中对唐书家品评时，就说他“肤骨兼有，戈戟足以自卫，毛翮足以飞翻”。明人赵崡《石墨镌华》评说其“直是欧阳率更、虞永兴之匹敌也”。清人孙承泽、叶昌炽也持这个观点，认为他虽未名列欧虞褚薛，但书大有抗衡之势。想来王知敬能为李靖这样的朝中重臣书写墓碑，在当朝绝非一般写手。

其实，在昭陵碑林还有一块王知敬书写的碑子，那就是《尉迟敬德碑》。尉迟敬德何许人也？小说《隋唐演义》曾对他有过很煽情的渲染。能在《隋唐演义》这些通俗小说中热闹一番的人物，在民间会有着极大的影响。事实上，他的确为人们所熟识，他曾是唐王李世民手下的一员猛将，铁杆心腹。在李世民与王世充的对垒中，一次李世民误入王世充的埋伏圈，正当大将单雄信挺枪拍马，要刺到李世民前心之时，尉迟敬德一声大喝，单稍有迟疑，尉迟一枪将其撩翻，秦王得救。在“玄武门之争”中，尉迟敬德一箭射杀李元吉。这一箭非同小可，不仅让齐王一命呜呼，还很可能搭上自己的性命，要知道这齐王和李世民可是亲兄弟。李世民这样做也是迫不得已，而一旦夺取了皇位，要统领天下，安抚人心，李世民很可能要在道德上粉饰自己，那么找一两个替罪羊不是没有可能。尉迟敬德不是不知道这一点，更何况，当时跟随李世民一同进宫埋伏的大将又不是敬德一人，个个都武艺高强，但他的赤心向主不计后果赢得了李世民的绝对信任，也算是很幸运的。此君后来自恃功高，看不惯房玄龄、杜如晦等宰相地位比他显，每每无事生非。太宗对他提出过批评，这位仁兄虚心接受，坚决不改，遂辞了京官，到地方上自在去了。

《尉迟敬德碑》的字较《李靖碑》要大，提按也较《李靖碑》显豁。字一有顿挫，就会生出清晰的节奏，书写起来轻重缓急的感觉就有了。像《李靖碑》的线条，书写者的情感是含蓄的，是理性的，让人难以把握书写的重心所在，临习时也不好抓住字的特点。其实，要写这样的字只要打起精神提起劲，注意用锋，控制好用墨，紧结着走也就是了。而《尉迟敬德碑》有顿挫就会有铺毫，要做到很好的铺毫就要适当地增加用墨，有墨线条就会润，这样情致姿态都会生出。因此，临习还是要选择《尉迟敬德碑》这样的书写。当然，这两通碑子作为一个书家成熟期的书写，大致的体势还是一致的。

这通碑子的书写完全可以独立成章

1975年的一天，在当代书法史上发生过梦幻般的一件事情，那种奇异至今让人惊诧，而它所散发出来的文化光芒总会让我们怦然心动。

其实，那个日子一定会像无数个日子一样，太阳照常升起，照耀苍生万物，给了它们以生机和力量，而后又落了下去，一切复归宁静，重又开始孕育和希望。但这一天因为昭陵《孔颖达碑》的碑座刻字的面世，而使得它在当代书法史上成为了不同寻常的日子。这一天，在昭陵的孔颖达墓前，高大而笨重的石碑被一群人用吊在圆木支架上的倒链吊起，这是一千多年来它第一次和碑座分离。此刻，藏在碑与座的

◎唐 《孔颖达碑》局部

榫卯处的秘密被站在旁边的一个管事模样的人发现了。这个人面对散乱刻在碑座卯周围的真草字迹及笔画，两眼放射出惊异的光芒，他揉了揉自己的眼睛，拉起衣角在石面上擦了擦，又有些不相信，可能还惊喜地叫出了声。虽然他身边的工友们对他的这些表现有点儿无动于衷，但真的是唐人最具原始意义的一片刻字被发现了。

这片刻字的意义原本就不在它新，刚出土的墓志都新，碑面完好如初，字口锋棱毕现。当然，这片刻字同样也是很完好的，我们看到这些刻字的拓片上的石花是石面处理得不平所致，它本来就不是碑面，不会处理得很光洁。而那一个个让人惊叹的刻字就散落在这不甚平展的石面上，字字生辉，精彩无比。

完整的刻石制作，我们司空见惯，而这种随意的目的性不明确的自由刻写给了我们无比的新奇，也让我们产生了无穷的想象。可能是刀工在热身，找找创作的感觉，可这片字有真有草，而且他们要刻的《孔颖达碑》的书写大致是虞体，这片刻字的真书字体欧意甚浓，就像一个乒乓球运动员的赛前热身，不可能是练投篮或练射门吧？更何况，要刻正书的碑子，熟悉草字干什么？要么就是刻工师徒之间在传授技艺，在切磋刀法。那么，我们究竟该怎样估计唐代这些刻工的书写水平？唐代制碑一般是要直接书丹或过稿上石的，而这片刻字显然是直接凑刀的，而且真书笔法结字的准确程度让人惊叹，草法的规范周详和线条的圆润畅达也都达到了一个相当的水平。如果要真的是刀工师傅的直接奏刀，那我就要对它们顶礼膜拜了。北朝造像的某些直接书刻字体的大小不一，字心的高高低低，以及点画的轻重处理，就已经表现出了一个高水平，但这是规范得几近程式化的唐楷，能被刻工师傅掌握得这么老到？唐代书丹和过稿的习惯，会让一般刻工直接书刻的水平弱化，虽然他们是皇家圣手。那么会不会是这些刻工们为了练习而专门从别处找来的书迹过稿后再凑刀呢？可有些字的字型相对并不那么完美，似乎又是随意为之。还有些单独的点画又怎么解释？

也可能是这片刻字的特殊性，让我对它们发生了无穷的兴趣，那个"盂"字，就让我总对它凝视良久。这个字似乎上面的点画用笔较重，下部的"皿"字的一横再重一些也无妨，中间的两个短竖也可以再来些变化。可就是这稍显轻的一横让人着迷，用笔侧着入锋，微有弧度的过显示出了地载的力度，出锋时微有顿的意思，依旧是侧着出。就是这十分轻灵而又入纸的一笔，打亮了我们的眼睛，沉醉了我们的心。你还可以单独去看这一笔，它似乎就孤零零悬在那里，又无比自信地沉实在那里，魅力无穷。先人们在石头上的发明创造让今天的我们享用不尽，也应该说，在石头上刻制已经使得书写的信息减弱了，但这一片坚硬里生出的感染力，仍让我们激动不已。

要说这些刻工们的胆子也够大的了，这些社会地位不会太高的手工艺匠人，居然敢在王公大臣们的墓碑上胡写乱画，拿自己的小命开玩笑，尽管是在碑子的隐蔽处刻写，着实也让人心惊肉跳，毕竟是皇家陵园啊！而这书法发展史上的另类事情相对来说又太少了，这样鲜活真切的过往如果再多一些呈现出来，我们就能从中发现更多的历史信息，还原先人们真实的书写生活，从中悟出不同寻常的意义来。

围绕着《孔颖达碑》所爆出的意想不到，实在让人兴奋，在我对此通碑子的阅读中，这片自由刻写完全压倒了对正式碑文的关注。其实，《孔颖达碑》正式的书写也是很出彩的，完全是一派虞书的风致，姿容秀出，圆融遒丽。正如前人品评虞世南书法语：“下笔如神，不落疏慢。如层台缓步，高榭风尘。”研读此碑，胸中有一股超拔之逸气，好的书写真的是能提升人。从这一点上说起，那学书还是要上溯，要有渊源。此碑书丹者学习的是虞世南，而虞世南则师法的是晋人。早年的虞世南就是从王羲之的传人智永禅师那里，深得了“二王”之妙。深得“二王”在这里也不是笼统的讲法，不像现在一说学习“二王”，其实只是学习了“大

◎看了唐人的小试牛刀，今人还是洗洗睡吧

王”，把“二王”缩减为“一王”，“大王”和“小王”实在是有本质上的不同。具体到虞世南，用笔的内掖敛劲就取法于“大王”，而结字的势柔局宽就得益于“小王”。这些不同则成为丰富构成了晋代书风的“中和”“文质彬彬”，完美地体现了所谓的“魏晋风度”。顺从这样的书风前行，当然会得到飘逸。

《孔颖达碑》不可能是虞世南书写的，此碑主亡时，大书家虞世南已经谢世十年了。但我们完全可以对这通碑子的书写为之倾倒，为之追随，不仅是它的那种气息，那种意境，它的那种点画起讫分明，用笔干净利落，结字的疏朗展拓，都足以成为临习的最佳范本。通过它可以接通虞书，正所谓“买褚得薛，不失其节”。即就是不到达虞世南又怎样，我看这通碑子的书写完全可以独立成章。当然，我们通过它看到了虞书对唐代书写的较大影响。虽然这通碑子的书丹者没有留下姓名，真的不妨碍他成为后人师范的大家。

书写难度敢和毛锥子的有提有按中侧互用相比吗

昭陵碑林中，另类意味的书写其实还能找出一件，那就是尉迟敬德墓志志盖上的飞白书。言《孔颖达碑》碑座的那片刻写另类，是因其非正式的制作，但真草二体的字迹都是惯常的写法。而尉迟敬德墓志志盖上的飞白书，历史地看，也是书写上时断时续曲曲折折流动着的一溪。以致今日我们还能从旅游景点、民间古庙会等场所看见手持竹子排刷的艺人，一端轻点一下红，另一端轻点一下蓝，再齐着蘸一下黄等其他颜色，然后在纸上聚集散开，上下点缀，左右濡染，圈圈点点，完全不是按笔顺行进。而一番投入一番忘情之后，一种非字非画亦字亦画的制作便呈现在了人们的面前。

观者看到的多是花鸟，而制作者会给你念出“花开富贵”“如意吉祥”等语，仔细观看还真是像这些字在其中隐现，这便是古代的飞白书传至今天的模样。飞白书在古代的典籍中是一个时常出现的字眼，但能看到的实物，也仅就是这敬德墓志志盖上“大唐故司徒并州都督上柱国鄂国忠武公尉迟府君墓志之铭”，共二十五字的书写了。

在过往的读写中，我早就看到过此墓志的飞白书，也许是那些民间艺人的干扰，总觉得它是杂耍，书写上的末技，即就现在我仍然认为，它书写的技术含量不高。就拿这方志盖的书写来说，横是用排刷上端藏锋入纸，下顿，作波状右行，出锋隶书雁尾之意。竖写则是排刷竖着实切，只是要写出丝丝缕缕的飞白效果，注意控制好用墨就是了。

这种技术含量不高的书体，却会生发出奇特的书写效果，在历史上深受一些大书家和帝王的喜爱。上有好者，下必甚焉，一般的民众想来也会擅长于此道。东晋的王氏家族，羲献皆有飞白妙品，其叔父也佳作有传。唐太宗李世民和飞白书的事情在史料中有较多的笔墨，像是明星绯闻一样弄得沸沸扬扬。爱听好话是人的软肋，领导也是人，你不管是真的还是假的喜欢他欣赏他，他也一样高兴。对喜好染翰的头头你再争着抢着要他的字，那他很快就有些把持不住了。太宗有一次大概遇到好事儿了，心情高兴，把朝中三品以上的官员叫到一块儿吃好吃的，席间有人点炮儿让皇上挥毫，面红耳热的皇上一经鼓动，书兴

◎唐《尉迟敬德墓志》志盖

大发，写一张被围拢的臣子们抢一张。老半晌过去了，一个叫刘洎的大臣还两手空空在圈外瞎转，挤不到案前去，眼看皇上又写成了一幅，情急之下，跳上御座伸手给拎跑了。敢登踏皇上的椅子，那是龙位啊，死罪。也有人在喊这小子找死，法律惩处。太宗却满脸堆笑说：不咋不咋，刘洎追求知识，努力上进，很难得嘛！这事儿也就这么过去了，搁到平时不是写字你再看，敢有如此放肆，不要你娃的小命，也得打你个满地找牙，生活不能自理。太宗那天写的书体就是飞白书。

对于唐太宗的飞白书，恭维的人不在少数。宰相岑文本就诗赞之："飞毫列锦绣，拂素起龙鱼。凤举崩云绝，鸾惊游雾疏。"岑宰相诗家大手笔，《全唐诗》有其四首，此作说好一点是论书诗，说难听点就是马屁诗。这一点《全唐诗》的编辑懂，不会给他收进去的。但诗还不错，意象叠加，诗思飞扬，极力赞颂了唐太宗飞白书的委婉缥缈之势。书史对唐太宗也有专业的评语，说他"工王羲之书，尤善飞白"。在我看来，很不入流的飞白书都被史家正儿八经地纳入了评说的范畴，看来还得加强学习，加强对它的了解。太宗皇上飞白书写得好，儿女们也跟着效仿，晋阳公主十来岁的时候就临摹皇父，写得一手漂亮的飞白书，形神兼备，"下不能辨"，可见，这种书体在唐太宗等看来，并非书道上的野狐禅。其实，在唐以后的朝代，飞白书这种书体仍有市场。据说，宋太宗赵光义也非常喜欢写这种书体。宋太宗是一个擅书的皇帝，还做过一件在书法史上划时代的大事情，就是命大臣王著将内府所藏名迹摹刻成《淳化秘阁法帖》，使得汉至唐的前贤书写得以传承。书法流布的重要手段刻帖自他始，可见他也是一位很有见识的艺术家，就凭这一点，给他个书协名誉主席都很合适。这个皇上有一次看惯了宫内所藏，就想起了各大名山胜迹的前代书写，命手下都给整过来瞧瞧，凭这一点，又说明他的思路与众不同。跑腿的在一个登真宫搜寻到了唐玄宗赐的字，瞅着瞅着宋皇上若有所思，吩咐笔墨伺候，瞬间一幅飞白字写就，也赐于登真宫。不两年这个宫观失火，灾难过后，一片灰烬，独有这宋皇上的飞白书犹存。怎么听着都有些神乎其神，熊熊大火中，一片纸能留下来吗？爆料此说者不知道是啥意思，你当后来的读者都是弱智啊？你宋太宗的字留着，那唐玄宗不是真命天子啊？唐玄宗擅写隶书，那隶书还是飞白书的爹呢，你飞白书就那么高贵？说不定，唐玄宗给登真宫写的也是飞白书。

说飞白书脱胎于隶书一点儿不假，相传飞白书就是汉代蔡邕蔡中郎发明创造的。蔡邕，东汉大文学家、大书法家，博学多才，经史天文音律无所不晓，尤其擅长辞赋。历朝历代的皇上都是爱听好话的多，从古至今爱写爱画的人膝盖骨不缺钙的少。唉，我们姑且理解为文人怯懦的天性和生存的需要吧。所以，当汉灵帝要蔡邕为自己说些好听话的时候，蔡邕怎敢怠慢，作了《圣皇篇》紧跑慢跑去进献灵帝，刚到宫门口，整整仪容要报自家姓名之际，忽然看见修缮宫门的小工匠手执扫把蘸着白灰浆写字，再硬的狼毫也比不过竹扫把啊。工匠左舒右展之际，地面上丝丝缕缕若断若连，直看得蔡大人两眼放光。这景象还敢让此等才情汪洋的人见得，于是，灵感顿来，飞白书诞生。

历史上有关飞白书的言说时常可见，但书迹却被搬到了尉迟敬德墓志上，为我们留下了可资品评的实物资料，也是难能可贵的。但终究不能让我高看它。书法贵在有法，难在其法，因法而生出美，而飞白书呢？书写难度敢和毛锥子的有提有按中侧互用相比吗？

像畅整这样的年轻书者留下的书写少之又少

“一朝天子一朝臣，这朝不用那朝人”，可继位的高宗仍重程咬金，“一仆不事二主”，程咬金还想辅佐高宗，看来两者挺好的。

瓦岗寨英雄程咬金一身是胆，勇武过人，屡建奇功。在与王世充的一次对垒中，战友裴行俨率先出阵，被一箭射中，坠于马下。此时，见一人跃马挺枪，立杀数人，抱起裴行俨共骑而还，此人便是程咬金。王世充的人马见状岂肯放过，一窝蜂地追杀，咬金不幸腰部被枪刺中，枪尖突出前腹。而好汉程咬金一声大喝，折断枪杆，回身又斩杀追兵，抱着裴行俨回到阵中。这英雄的一幕，是早年从小广播的评书连播里听来的，震撼人心，至今不忘，对英雄的渴慕，也曾让少年的心蠢蠢欲动不能自已。

归李世民后，程咬金深受重用。在秦王“破宋金刚，擒窦建德，降王世充”的大会战中，程以左三统军职务兼领左一马军总管，每是头阵，破却强敌，立下大功，被封为宿国公。在武德王子对垒中，程咬金坚定地支持秦王，拒绝外官，随秦王参与了“玄武门事变”。太宗登基，屡任军中要职，改封卢国公。贞观十七年，图形凌烟阁，奉为开国二十四功臣。

整个贞观时期，虽战事艰险，困难重重，但君臣一心，想必出了大力的程咬金人是愉快的。时光不驻，太宗故去，继位的高宗当然还是要依仗程咬金这些老臣，这种没有经过时间考验的君臣关系，在顺风顺水的时候还能往前推进，可一旦遇到风浪就不是那么回事了。高宗显庆二年，突厥叛唐，程咬金受朝廷命率军讨伐，用兵得当，大破叛军。又遣先锋苏定方以五百骑兵与突厥四万人众对阵。苏定方妙计破敌，叛军奔逃二十里，死伤无数，战利品绵亘山野，不可胜计。世事就是这样，总有英雄会在适当的时候站出来，但总又不能顺顺当当。正当苏定方乘胜追击的时候，程咬金的副帅王文度妒火攻心了，他声称皇上圣旨要自已节度全军。年高的程咬金大概也反应迟钝了，就不想想战事正在节节胜利之时，皇上怎么会让一个副职突然拿事呢？当然，这次出征总归还是平定了突厥的叛乱，安定了边疆。还是这个王文度，别有用心地在班师的路上错杀了归顺的胡人，违犯了民族政策，程咬金回朝后因此被革去了职务。后来某一日，大概高宗恻隐之心念及旧情，又给了程咬金一个小小的州官，但毕竟程老爷子大势已去心灰意冷，不久郁郁而死。这事搁在太宗，可能也会过去，总不至于落得如此凄凉。但现在是高宗当政，君臣没有那种冲锋陷阵建立功业时的生死情谊。要说这高宗还要叫程咬金为表伯呢，太宗女清河公主就下嫁于程咬金的次子处亮。

其实，程咬金压根儿就不应该再带兵出征了，太宗已去，你就应该啥事往后收一收，把机会留给年轻人。老头儿想不开，还张张狂狂不吃老本，要立新功，结果弄得自己很被动，很郁闷，暗淡收场，何必呢？末了，只能是让人抬着去九嵕山找他的旧主去了。程咬金睡了一千多年后，墓被人在20世纪80年代中期打开，只可怜地弄出了一些泥人人，墓志也很平常，还不足八十公分见方。墓碑也早已与墓分离，不知辗转几何，民国年间被礼泉一个民教馆的机构收藏，20世纪70年代中被集中到了昭陵碑林，上部和下部都已佚，实际上成了一块残碑。

程咬金先生有一个很斯文的名字，一般人不大知晓，这都是让历史上的单田芳们给喊叫的了，人家的墓碑就叫《程知节碑》。此碑书者的身份很奇特，是一个还没有取得官位的小年轻，叫畅整。畅整应该是少年即有书名，不然，程咬金这么大的人物的墓碑怎么都让他书写？据史料记载，在昭陵的陪葬墓的墓碑中，还有《清河公主碑》《赵国杨太妃碑》《梁敏碑》等，都是这位小仁兄的手笔，现存的只有

其多傍分地

既晴廣

枝原州都枯

浮聲蝦秀驪

◎唐 畅整《程知节碑》局部

《程知节碑》和《清河公主碑》两通碑石。清河公主就是程咬金的二儿媳妇，太宗皇帝的女儿。可见这位小年轻不仅字写得好，身份也非同寻常。是的，说白了就是个官二代，在碑文中畅整署作“品子”，“品子”就是品官之子。他爸爸究竟是做什么的不知道，肯定是朝中官僚的哥们儿兄弟，也一定是一个有心计之人，荐他儿子为这么多的达官贵人写碑干什么？寻道书法把他儿子往上推呢。可到了也没怎么的，史料上也并没有反映出这个叫畅整的年轻人后来做了什么事情，晋了什么官职，等等。

有这几通碑子留下些名声也很不错了，何况书写也绝对是在一个较高的水平线上。《程知节碑》和《清河公主碑》其实是书者同一时期的书写，《程知节碑》较《清河公主碑》晚立一年。观两碑的书写，最突出的特点就是洒脱放纵，气势不凡，笔墨间充盈着一股不可遏止的激情。作为书法年轻人是写气的，中年时是写功夫和涵养的，老年是写生命感悟的，此言不虚。《程知节碑》界有暗格，似乎收敛一些，但一些横竖撇捺的纵笔也早已冲破了限制，显示出了不可禁锢于牢笼之势。而《清河公主碑》则笔势跌宕，顿挫显豁，大起大落，超迈罕匹，根本就没有记起还有章法的概念。尽管有少年功力的支持，但匆匆之作难免有不周。仔细观看《清河公主碑》的书写，有些地方是破了，譬如

“星”字的最后一横，它是反藏着起，行至不该顿的时候顿了，无奈只有通过拖补救，拖到后面又怕尖，便轻微地往上隶收。很显然，在这里书者并不是造险救险，不得已而为之的举措肯定对书写有损伤。“梦”字夕部第一笔的短撇，是反着收的，第二笔的短横应该另起，但他在这里的用笔交代的不清楚。再如“于”字的右部下两点，第二个点可以认为是石面漫漶，第一个点则看不来笔意，很显然是写得急，没有控制好用笔 。

畅整昭陵的书写，在历史上许多书法典籍中多有品评，也给予了较高的评价。史上所留的名碑，大多成熟的书家所为，而像畅整这样的年轻书者留下的书写少之又少，且是历史上又一个高峰期唐代的遗存，这会给我们提供丰富的信息和多方面的启示，从这一点上说，《程知节碑》《清河公主碑》的确应该为我们所保重。

◎唐　畅整《清河公主碑》局部

一个人是不可能把美写尽的

在昭陵碑林一派坚硬的楷书书写里，若是能看到《三品婕妤墓志》，瞬间会产生一种温软的阅读感觉，非常轻松，非常亲切。这不仅仅因为墓志主人是女性，更主要的是，我觉得它将唐楷进行了大胆的软化，手法就是掺入了隶书的写法和行书的流动之意，更有武则天皇帝所创造的一些近乎异想天开自说自话的字也运用其中。三品婕妤作为后宫内官，品次也仅次于九嫔，地位不能说很高，但毕竟是皇帝的妃嫔，皇亲国戚的墓志敢这么整，那还是需要些勇气的。这种风格的书写应该说是回归了北朝，但大唐的一统江山，制度之森严，绝非可自由行事。同时，这方墓志的技法运用也是

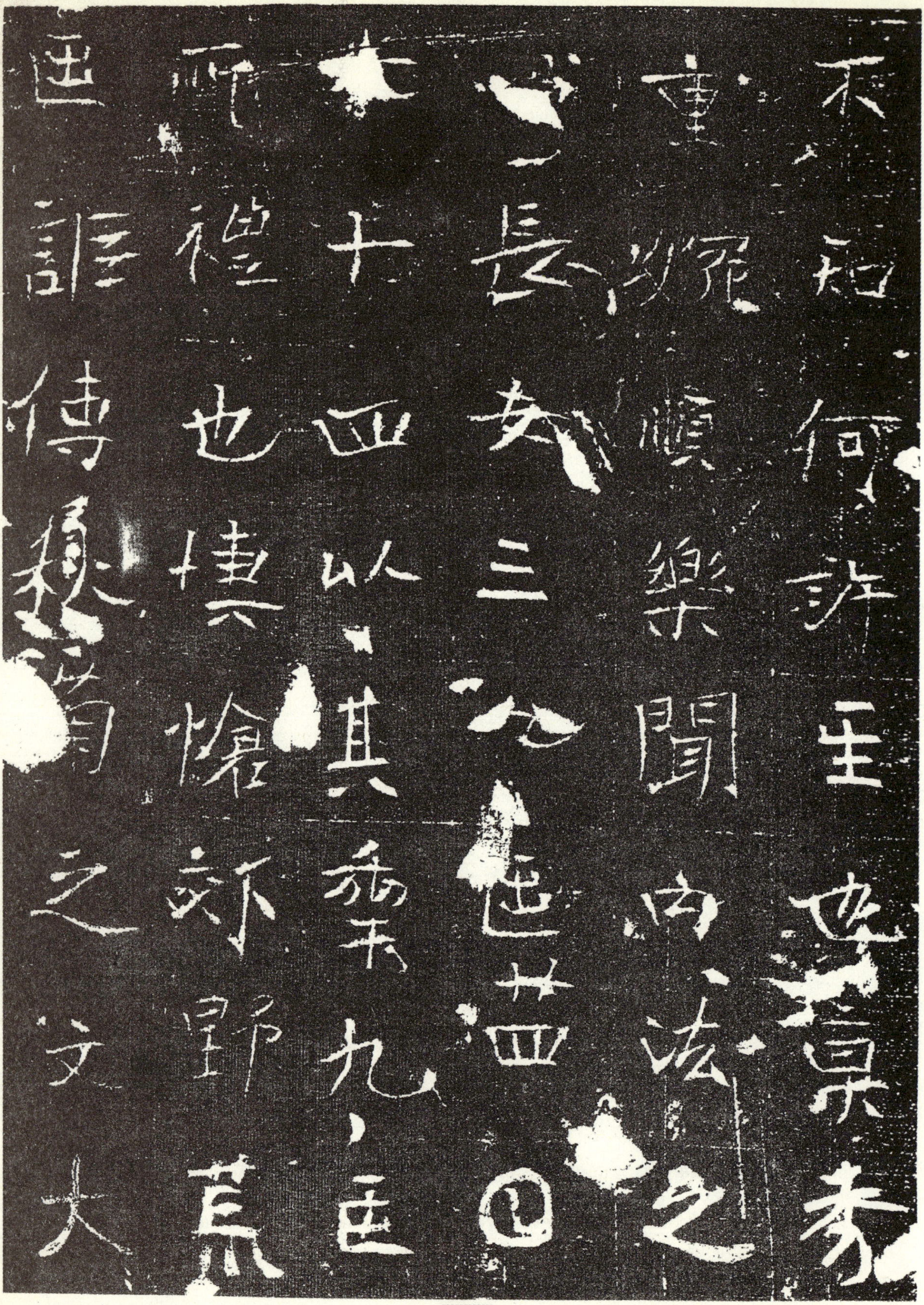

◎唐 《三品婕妤墓志》局部

相当熟练的，起与收都交代得很清楚，楷与隶的搭配很和谐，线条轻的表现出了逸气，重的字如“秀、之、荒”等，表现出了苍茫，味道很好。

很多次我面对这件书写，眼前总映现出杜牧来。关于他与舞妓张好好的凄美爱情故事固执地展开着，而诗人的行书名帖《张好好诗卷》的映像也驱之不去。我总把这方墓志的自由书写和《张好好诗卷》之间的某些联系拆解不开，而一个身世未知的妃嫔在一个鲜活清纯的舞妓身上复活了，阅读的心理有时不可琢磨。

我去昭陵的路上朋友对杜牧诗的调侃，其实，晚唐的杜牧和昭陵是发生过联系的。才华出众的诗人也写过一首和昭陵有关的诗作，这便是《将赴吴兴登乐游原》：“清时有味是无能，闲爱孤云静爱僧。欲把一麾江海去，乐游原上望昭陵。”写这首诗的时候，杜牧已是政治生涯的后期，杜牧满共也就活了五十来岁。身怀抱负的诗人忍受不了朝中的污浊，又要回到吴地，回到曾生长出不尽之爱的江南，临行再望一眼曾给了政治以清明，领导着满朝文武建立过不朽功业的唐太宗，惆怅的心尽在这诗句中了。

杜牧真的是不能忘记，他是晚唐诗坛一位颇具风格的重要诗人，与李商隐并称“小李杜”，他的诗作尤如一块块厚重的巨石，已砌进了中国文化大厦的坚实里。只是在对他的阅读上总存在着偏颇，那就是他许多有充实健康思想内容的诗歌不大引人注目，倒是一些儿女情长的作品脍炙人口，譬如这首《将赴吴兴登乐游原》的句子，就敌不住“十年一觉扬州梦，赢得青楼薄幸名”之盛。当然，这类技艺高超的作品，也往往渗透着他的政治理想不能实现的情绪。杜牧还为我们书法史留下了一段不朽的篇章，这便是他的书作——《张好好诗卷》。在以往读写过程中，我是十分注重贺知章、陆游、朱熹这些以诗名世的大家们的书作的。苏东坡、黄庭坚这些诗书俱有大名者，更是自不待说。我相信通过他们的诗与书，必然能寻出区别于他人的东西。

《张好好诗卷》许多出版社多次印行，这帧书作雄健姿媚，古朴流美，墨迹浓淡相间，时有枯笔飞白，与诗文相得益彰，有极强的艺术感染力。千年前著名诗人的行书原作曾在一次重要的展览上展出过，笔者有幸得饱眼福。书写墨色的浓淡燥湿都清晰可辨，展签上注明是白麻纸，纸面不似绢那样暗成红黄，而是泛青。作品品相很好，至今仍保存着内府的装裱式样，卷首甚多的公私收藏印鉴，标明着不平的身世。20世纪初年的动荡中，溥仪曾将其携出宫去，散佚民间，幸为爱国收藏家张伯驹先生倾力购得，捐献国家。

此诗卷为多情的诗人记述他与歌妓张好好之间一段感人至深的爱情故事，言辞痛切，情感真挚，哀张好好之不幸，叹自己之怯懦。杜牧本有匡时济世之志，但早年沉于下僚，多为幕职，又秉性刚直，不善奉迎，所以屡受排挤。如许多有识之士一样，为排遣郁闷，纵情声色。但真挚的爱情总是美丽动人的。想那天才诗人“小杜”与少年歌妓张好好一见倾心，情意无限，“自此每相见，三日以为疏”。而后的无奈之别，以至再相见时，好好已为人妾，而牧虽刚过而立之

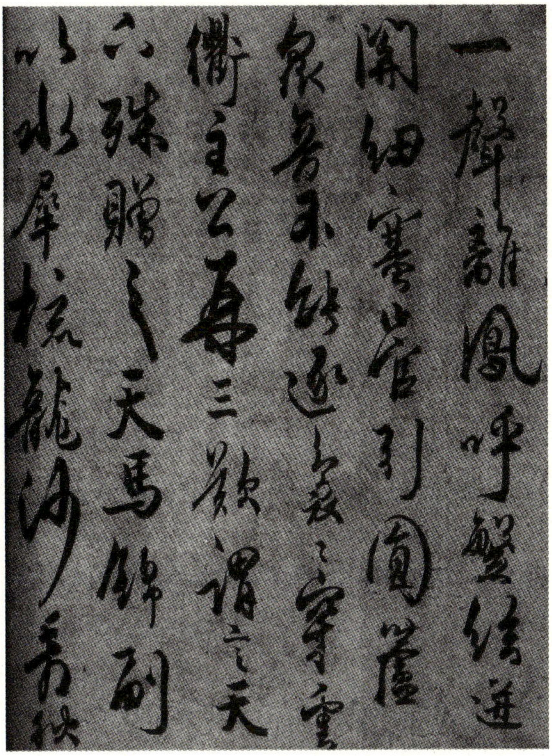

◎唐　杜牧　《张好好诗卷》局部

年，但因官场腐败，壮志难抒，以致抑郁多愁，“少年白须生”了。杜牧对那段美好的情感永远难以忘怀。一个官场不得志，郁郁寡欢的落魄文人，只能寄情笔墨。因此，后人才有幸读到这激情饱满，浓墨重彩的绚丽华章。

杜牧与张好好凄美衷婉的爱情深深地撞击了我，以致我的情感在那次参观完展览后的许多时日都不能平静，沉浸在一派浓重的感伤之中，一腔哀怨拂之不去。是为他们的一见钟情感到庆幸？还是为他们的无奈相别感到惋惜？是为世事的不公感到愤慨？还是为命运的不济感到悲叹？也许兼而有之。他们本该是天生的一对，幸福的一双啊！少女张好好有一颗善良柔弱的心，无限倾慕于诗才不群的杜牧。她向往独立的、美好的、有意义的生活，她痛彻于庸碌悲惨的舞妓生涯，她有属于自己的人生追求。在诗人的身上，也许寄寓着她全部的人生理想，这无疑应该得到人们的承认与赞赏，她的形象也显然有一种向上的意义。与之相比，杜牧则是可悲可叹的，他多情，他善良，他才高八斗，他落拓无能，一旦面对生活的时候，没有表现出他的坚强来，也缺乏一种担当的勇气。而他所拥有的，是一腔对腐败官场的义愤，是一腔空怀着的壮志，因而伴随他的是那几番的痛苦，几番的愁怨。相思年年去，落寞阵阵来。在一种彷徨与追悔中送走岁月，生出了白发。他能做的是什么？只有面对笔墨纸砚了！“百无一用是文人”，但这是文人与生俱来的天性呢？还是起伏诡异的社会有些乖戾了？究竟谁该为他们的不幸负责？

文如其人，字如其人。观《张好好诗卷》，杜牧的笔下委婉与柔媚有余，刚健与硬朗不足。无论是诗歌与书法均是如此。但那种一往深情，那种无限的倾慕，化为笔端的一种温婉自如，这自然也是一种美，这种美一如她所表现的爱情一样，具有永恒的不可抗拒的力量。儒家文化滋养起来的中国书法是讲究中庸之道的，刚柔相济又常常被拿来当做书法艺术评判的标准。唉，一个人是不可能把美写尽的。做艺术同人生的其他方面一样，要知不足，也要知足啊！

唐人也是在不断寻求着创新的

在昭陵的所有碑石中，有近二十位书者留下了自己的笔墨。其中年轻的畅整小伙大概是三件，首屈一指，欧阳询、褚遂良等书家才两件，这当然说明不了书艺的高低，只是一个数字的概念而已。对于唐代楷书，清人叶昌炽曾语："唐人工书者多湮没不传。"此话然也。唐代碑石迄今有大量发现，仅墓志一项就存五千余。若有机会可以去洛阳的千唐志斋走走，那近两千块墓志的书写扑面而来直击人心，一定会让你产生一个错觉，是不是唐人个个都是书法家，整天啥事不做，专门写字啊？要不怎么这每一块的书写都这么精美无比？我等有幸，一次在陕南汉江边的一处古遗迹曾与一块唐人的书写不期而遇，斑驳迷离间，唐人的功力犹在，风神犹存。面对残石我无言，这整日与杂草狸兔为伴的石头，这千年前的古人啊！

相比之下，昭陵的书者可就幸运多了，毕竟是庙堂之作，虽不及欧虞褚之辈世代显赫，但也留下了尊姓大名，包括优先进入了唐以后历代书论者的评述里。当然，经过比拼汰选，淘洗出来的欧虞褚之辈自有他们显著的个性风格和过人之处，他们深深地影响了当朝以至唐以后的民族书写，甚至可以说成了传统书法的正脉。但仔细研读书名稍逊他们一些的唐书家的书写，你会发现有许多欧虞褚们所没有的东西，一样可以让你从中获得教益，得到滋养。

《杜君绰碑》《燕妃碑》的书者高正臣就很优秀，腕下功夫自不待说。那自始至终的规整丝毫没有懈怠，尤其是《燕妃碑》楷法谨严，线条凝练，不做过多提按，峻拔挺秀，给人以肃穆之感。欣赏这类书写，有时候很不容易进入，它的冷峻对人有

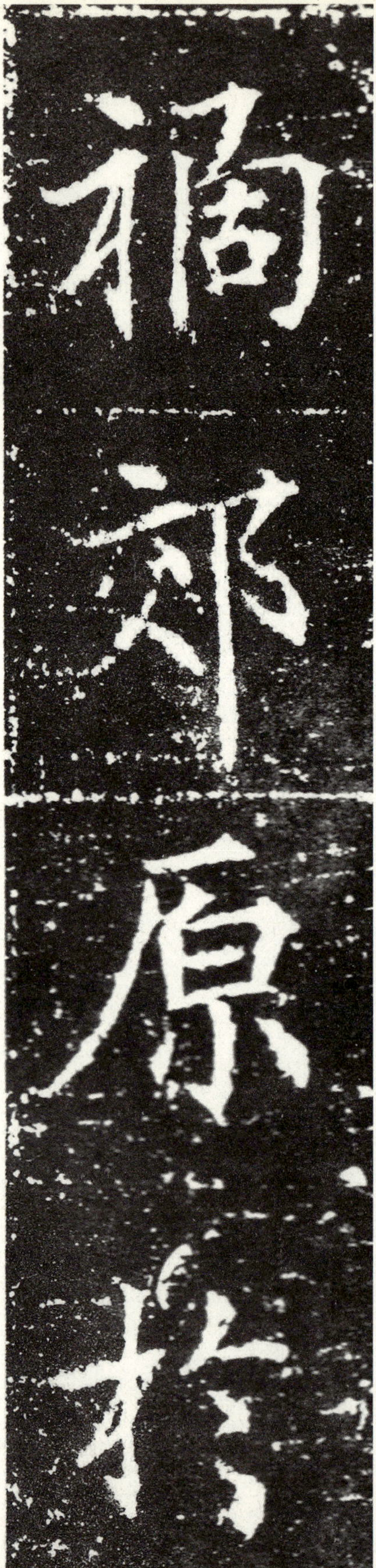

◎唐 高正臣《杜君绰碑》局部

五美於身
弥峻纭蓄
功立事六

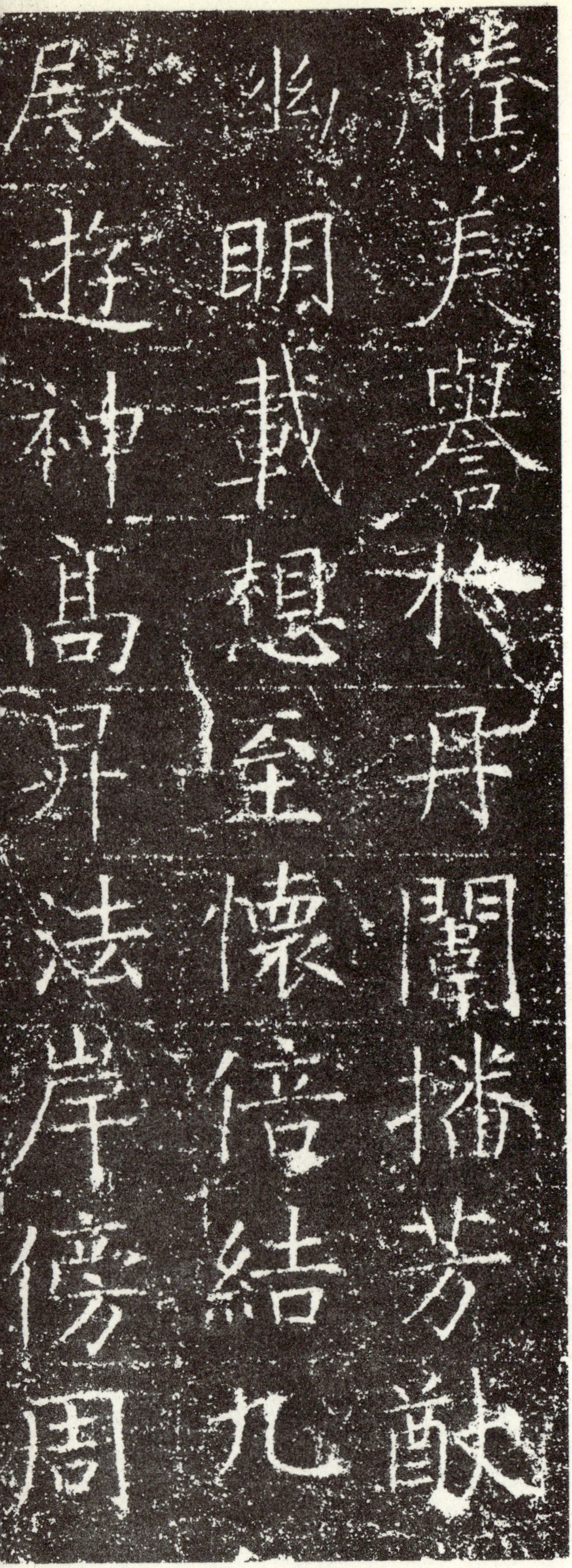

◎唐 高正臣 《燕妃碑》局部

一种拒绝，正像我们面对这样的一个人，但这样的人很可能是一个高人，不可小视。而高氏在《杜君绰碑》的书写中就表现出了一定程度的灵动，线条依然劲健，但适度增加了提按，字生出了姿态，有了些趣味。有述者言其似从褚字出，我不大喜欢听这类的话，似乎离了那几个大家就写不成字了。也可能高氏真的习过褚，但大家们能掌握汉字毛笔书写的规律，其他有心者经年累月地投入浸淫，也会发现并运用它。

于志宁贞观时宰相，君有妙手著文章，像欧阳询书写的名碑《皇甫诞碑》就是由他撰写的碑文，还有现藏昭陵碑林的《崔敦礼碑》的碑文，也是出于他的手笔。但字大概写不过他儿子，没见过此老夫有什么书写存世，倒是他儿子于立政为数通重要的碑子书丹，譬如这通《崔敦礼碑》，还

◎唐　于立政　《崔敦礼碑》局部

集曹參軍傳
德之不孫善
過人出入将

◎唐　房琳《房仁裕碑》局部

有唐初政治家、史学家令狐德棻的墓碑。写得这么一手好字，老父过世当然也得尽孝，于是还有《于志宁碑》。于立政官做的也算罢了，正四品，可字应该好好给个评价。昭陵碑林现藏的这通《崔敦礼碑》结体略扁方，敦厚有力，笔墨间也不乏一些趣味性的东西，在昭陵碑林的书写中也算中上等的水平。但就他自己的书写来说，敌不过十年后的《令狐德棻碑》。《令狐德棻碑》碑取法北碑，融入婉媚，一下子打通了人们对唐碑僵硬的欣赏，心里会顿生摇曳之柔情。该书写扁方取势，间或舒展的线条，显得落落大方。用笔藏露得宜，中侧适度，宛然面对一位涵养极深，温和亲切的师长。而《于志宁碑》则恭谨多了，以致有些干枯和僵硬的感觉。《令狐德棻碑》不仅代表了于立政本人的最高水平，也应该是唐代楷字中学习消化北碑，臻入一派境界的绝高水平的书写。《令狐德棻碑》立在碑主的家乡陕西渭北的耀县，前些年我打算去寻访，朋友说别去了，碑残得只剩下碑头，在农民的菜地里露了个尖。不知今天这块残碑是什么情形，也该挖出来保护一下了。若碑头饰刻好也是有价值的，毕竟又是名碑。

昭陵碑林中还有一块晚辈为先人所书的碑子，这就是《房仁裕碑》，它的书者房琳为碑主的曾孙。房仁裕早年曾随王世充，归唐后也有一番功业。曾孙房琳为国子监丞，其实也就是一个最高学府的普通公务人员。在唐代以书取仕的时尚下，能到国子监来混碗饭吃，书写水平绝非同一般，从给他曾祖父所写的碑子完全可以领略他工整稳健劲峭清谨的

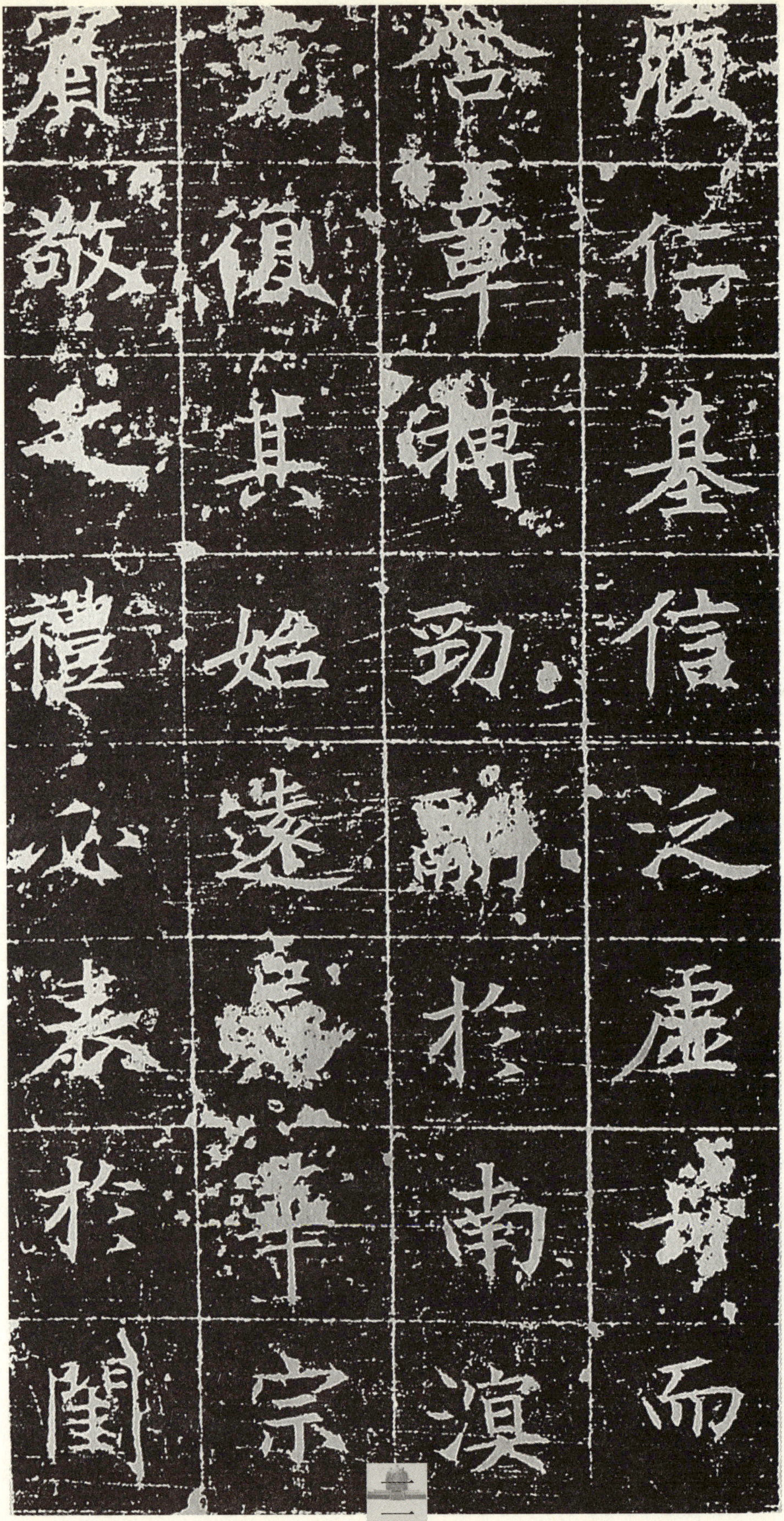

◎唐 窦怀哲《兰陵公主碑》局部

◎唐 李玄植《李孟常碑》局部

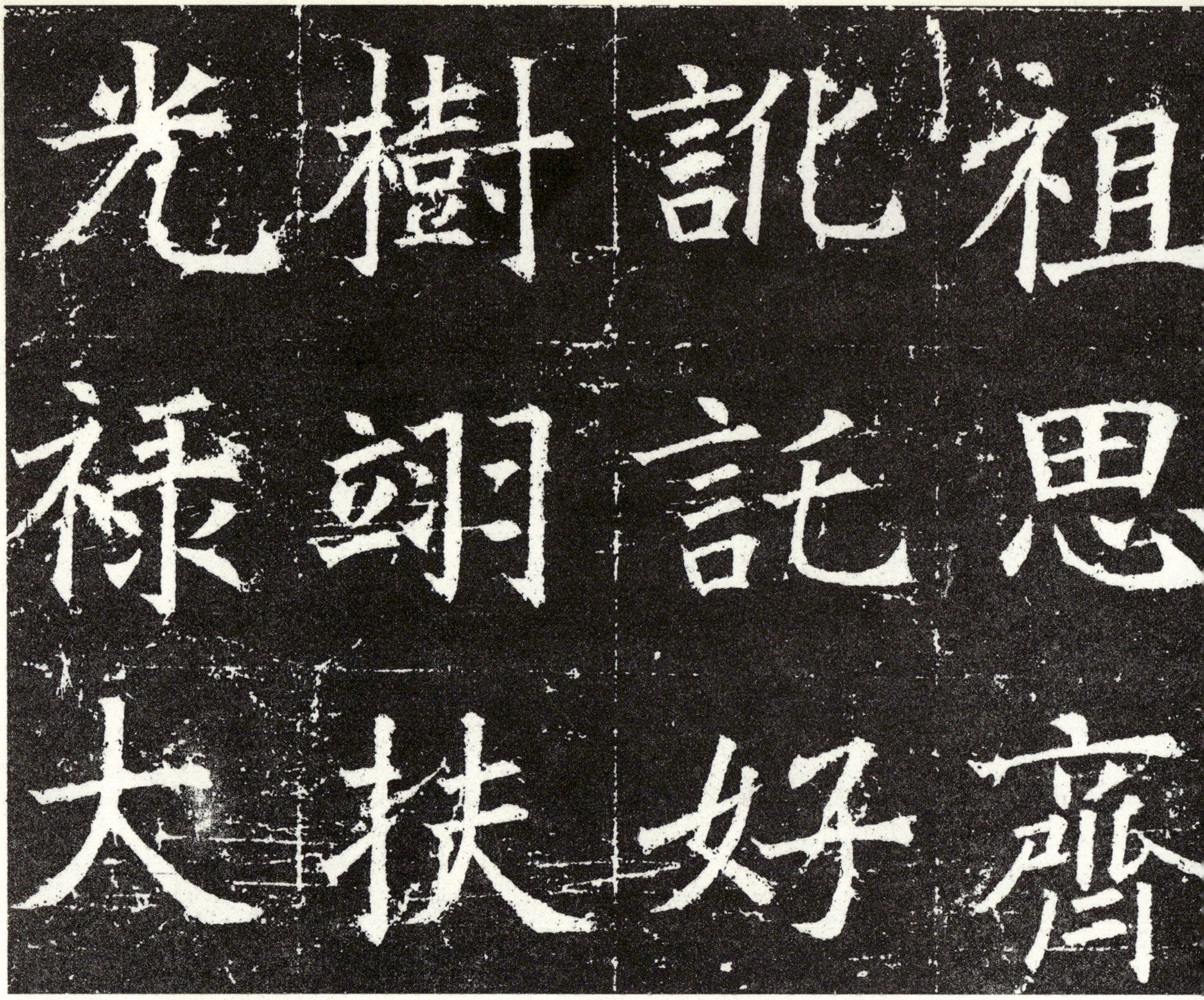

◎唐 王行满 《周护碑》局部

◎唐 殷仲容 《马周碑》局部

书风。这通碑子的布白宽绰疏朗，可字字呼应联系紧密，这是书写者的本事，相反很多字字顶满格的书写，却看不到字与字相互之间的关联，看着是整篇，其实是散的。另外，观房琳的字，能让人感到有很好的资质，这不仅表现在书写的节奏和点画的气息上，而从线条的内涵和整个字的风神，都可以让我们感觉得到。

窦怀哲书写的《兰陵公主碑》和李玄植书写的《李孟常碑》，也是很能反映初唐书写风貌的两通碑子。初唐的书法与中唐不同，在所表现出来的形态风格上，初唐尚劲健，贵瘦硬，中唐以颜真卿为代表，力图寻求线条的肥厚之美，昭陵碑林的整个书写都表现出了初唐的这个特点。当然，字到了晚唐，柳公权、沈传师等人又尝试矫正颜体的肥厚之失，努力使得线条轻重有度，枯润兼备，达到一种婉通。从这个过程来看，我们总笼统地称唐楷会产生一般化的意义，唐代楷书是有变化的，唐人也是在不断寻求着创新的。

看王行满书写的《周护碑》，总让我想起乡村先生和西安书院门的摆摊者，甚至想起曾见过的明清科举士子的试卷。我认为，它在昭陵的碑石中稍弱一些，清新不足，老成有余。有才情的人在没有状态的时候，手底下也会出这活。习字的人对这种书写要有所警醒，你选择它会让你闷在里面，它打动不了你。面对着生机盎然情趣横生的书写，你会来电，书写情绪也浓，当然长进也快。

昭陵碑林还有两通殷仲容书写的隶书碑子《褚亮碑》

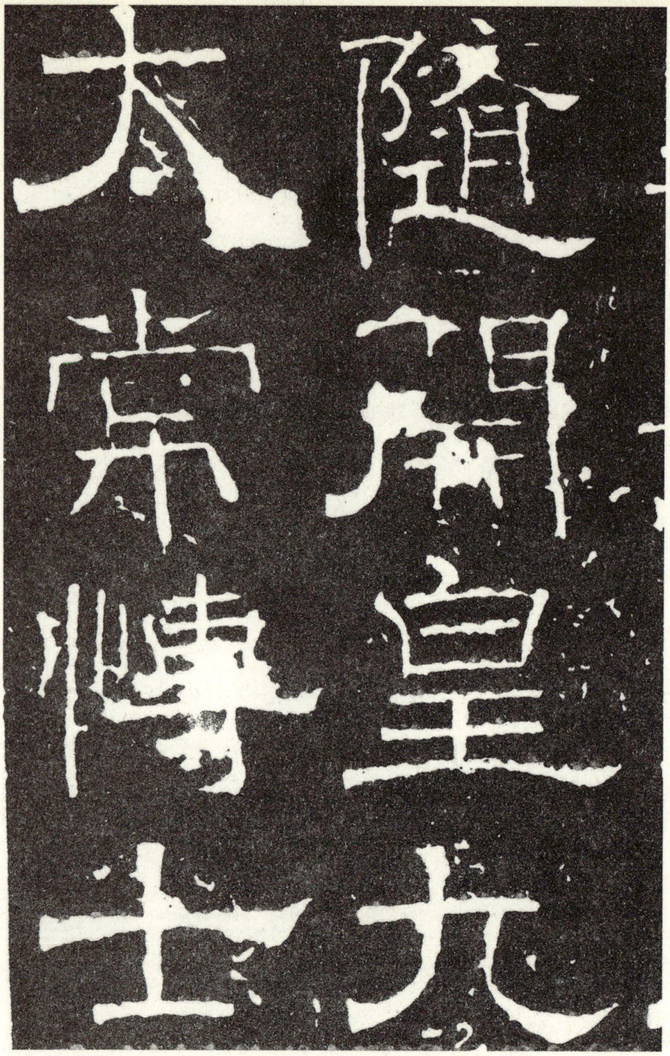

◎唐 殷仲容《褚亮碑》局部

和《马周碑》，什么气候什么土壤开什么花，结什么果，这唐代就不生长隶书，从唐玄宗、韩择木到这姓殷的，一个个有头有脸写出的隶书就不是那味儿，水平一般般啊。

只是那一路王羲之的高手
唐太宗的翰墨风神，我们无缘拜读

初唐历史的天空下，人物荟萃，英才聚首，成就了一段风云际会壮波澜阔的华美画卷，而这些不朽的才俊多被安息在昭陵，墓冢耸起，丰碑巍巍，使得今天的人们能临其境而发思古之幽情，读其碑而获得多方面的教益。在回想初唐历史的时候，有一个人是绕不过去的，而面对他高大的墓碑，我们看到的碑面上是刀铲击打的痕迹，没有一个字迹留下，这就是魏征。

昭陵陪葬的大臣中，大概只有魏征在武德太子对垒的时候，是坚定地支持李建成的，他看到李世民的功劳占了上风，也觉察到了李世民夺嫡的野心，不断地劝说太子除掉秦

◎唐 李世民《魏征碑》碑头

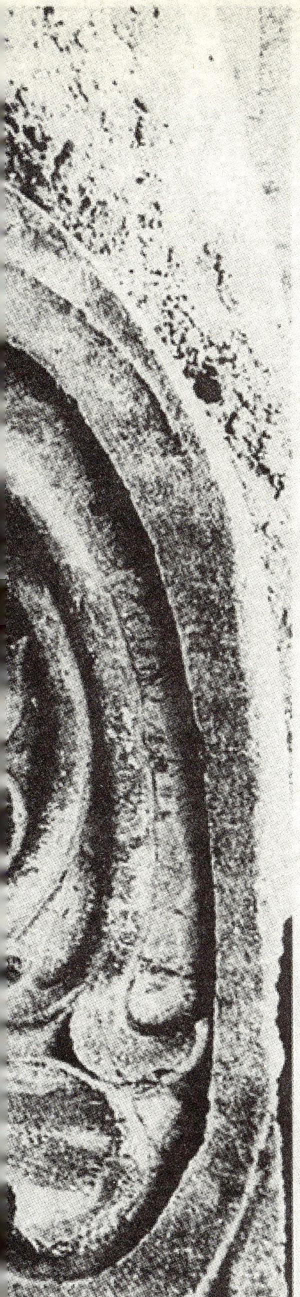

王，但还是让李世民先下手为了强。站在血迹斑斑的萧墙下李世民责问魏征：“汝离间我兄弟，何也？”“皇太子若从征言，必无今日之祸！”李世民从面无惧色的魏征硬气朗朗的回答中，看到了他多方面的可贵，于是大加擢用。也许对魏征人品才能早有耳闻的李世民，本就没打算杀他，便有了中国历史上一段君臣非一般工作关系，而相互引以为知己，共谋贞观太平盛世的佳话。

魏征在贞观时的竭力匡扶君主，敢于犯颜直谏，许多故事广为流传，许多谏语成为至理名言，如“为君之道，必存百姓”“兼听则明，偏听则暗”“进君子，退小人”，等等。贞观初年，魏征先后进谏二百余事，多被太宗采纳。要说一个不大老的老头在这耳边总唠唠叨叨喋喋不休，也是够烦人的了，上峰也有窝火的时候，但都过来了，贞观盛世实在是君臣同心顺乎民意的结果。

我们总是从一般史料中看到魏征“忧国如家，忠言正谏”的诤臣形象，其实，魏征在辅佐太宗之时，还有一项主要的工作是负责修史。这当然也是通过总结史上历朝历代的政治得失，为唐太宗巩固其统治地位寻找历史的借鉴。魏征在修史上有一个重要的指导思想，这就是他彻底地否定了自两汉以后史学家的天人感应、君权神授的历史观，认为朝代的兴衰，皇权的更替完全是人为的结果，而不是上天的旨意，这蛮有些唯物历史观的意味。他认为，隋炀帝的穷奢极欲导致了国破身亡，而齐后主当政，齐国的地盘、税赋收入和兵源兵力都没有变化，但也是因为挥霍无度、骄奢淫逸而致政权短时即崩溃。统治者要想使国家长治久安，皇权永保，就得从自身找原因，而非去从上天那里乞求恩赐，这真是一个真人寻到了政权统治的真经。正是基于这个思想，他才能提出“为君之道，必存百姓”“百姓为国家之本”的观点，向太宗建议“轻用民力，轻徭薄赋”，这不啻为给李家王朝找到了一根根支撑其大厦的结结实实的柱子，我想这些朴素而经典的思想精华也会深深地影响到后来的统治者。发这番哩哩啦啦的议论，总让人感到我有赞美封建统治者的意思，甚至还有为稳固皇权统治而激赏的意味。完全不是。我何尝不崇尚不盼望个人生活自由自主，人际关系相互平等，社会生活民主参与，国家制度宪法至上的价值体系，此一时彼一时啊，我们国家的历史就是这样，我不能超越历史阶段不讲国情去说话，我是在赞颂我们先人的政治智慧，我相信絮叨一些这方面的话语，对当下也是不无益处的。

君臣之谊，山高水长。贞观十七年正月，魏征病危，弥留之际，太宗执手相望，泪流满面。死后也是极尽哀荣，葬埋之日，“太宗登苑西楼，望丧而哭，诏百官送出郊外，帝亲制碑文并为书石”。那段有名的话语是不是那天含泪讲给大臣们的，就不得而知了，“夫以铜为镜，可以正衣冠；以古为镜，可以知兴替；以人为镜，可以明得失。朕常保此三镜，以防己过。今魏征殂逝，朕亡一镜矣！”最高指示，经典无比，领导水平，振聋发聩。作为小民百姓的我也常常默诵，欲从中汲取有益的东西来修正自己，但情性所至，每每忘乎所以，及觉察有失而懊恼不已。

历史上的魏征是作为完人的形象流芳至今的，他与唐太宗的友情，也常常作为搞好团结的范本，让人称颂不已。其实，魏征死后的一些曲折，人们很少知晓。要不今天的我们怎么从其高大的墓碑上面看不到文字呢？

昭陵陪葬墓的封土形式有封土作圆锥形、封土作象山形、墓而不坟（墓无封土）、封土作覆斗形、因山为陵，在这几种封土形式中，以因山为陵规格最高，魏征的墓就是因山为陵。在昭陵的一百九十余座陪葬墓中，因山为陵的只有两座，另一座是韦贵妃的墓，可见魏征享受的特殊荣典。不仅如此，魏征墓碑的碑头刻的是传说中三千年开一次花，复三千年结一次果的蟠桃图案，这在昭陵陪葬墓的墓碑中是绝无仅有的。何以如此？乃李世民感念魏征辅佐他安邦国治天下的贡献，寓意他是一个千载难得的人才。而昭陵陪葬墓的碑石中，太宗李世民亲自撰文并书丹的也只有魏征墓碑这一件，其他所有碑石中再无太宗遗墨，盛极隆誉，这是真正意义上的御制之碑。可惜在魏征去世后不久，太子李承乾谋反被废，在其纠集的人手中，就有魏征曾向太宗推荐过的侯君集，还有一个杜正伦，魏征也曾荐过。这两个被魏征誉为

“有宰相之才”的人或被诛杀，或被革职，让太宗十分恼火，他也认为魏征“包庇私党”，一怒之下，命人将魏征墓碑推倒，字迹铲毁。两年后，太宗征讨高丽未果，还多有损失，便想起了助己纠谬冒死直谏的魏征，遂懊悔不已，说：“魏征若在，不使我有是行也！”

于是，魏征墓前又有一块小碑子立了起来。这块小碑也不再有太宗撰书，怎可与前碑相比？在日后的岁月里小碑也不知所终。20世纪90年代中，魏征的后人们来昭陵祭祖，将铲毁倒仆的原碑竖立起来，覆以碑亭保护，只是那一路王羲之的高手唐太宗的翰墨风神，我们无缘拜读，不能不引以为千古憾事。

文章打动不了书者，笔墨也会贫乏的

魏征的墓碑和着碑主死后的命运而沉浮，最终还毕竟留了个完整的身躯，还有那雍容华贵不枝不蔓的蟠桃图案，在昭示着老夫子的一种人格一种境界，这总算过得去了。昭陵陪葬的人物中，死后墓及碑子的保护比魏宰相情况更惨的大有人在，要不一百九十余座陪葬墓，怎么才集中了四十几通碑石？初唐有墓前立碑墓内治志的习惯，昭陵陪葬墓的墓前应该是都有碑子的，除过这四十余通碑石，还有少量的在原墓前没有移动，但很多陪葬墓的碑石已经难以找寻，很有可能不存于世了。那有坟头存在也好啊，人们还知道这是何人的墓冢，都曾经是搅动世事的人物，不比普普通通的小老百姓，活着像个蚂蚁，死了也像少了个蚂蚁，可这些大人物的墓及墓碑存亡之事，还就是让这些蚂蚁们弄的。

秦琼秦叔宝可谓是家喻户晓的一位盖世英豪，当然，这得益于白话小说《隋唐演义》的艺术渲染和旧戏的传唱。他的英武为当年的瓦岗寨子平添了许多的想象，也让和当初的我一样的众多少年心终日生长着莫名的向往。归唐后，秦琼追随李世民东征西讨，屡立战功，是李世民最为倚重的人物之一。想那每与敌对阵，总有对方骁将锐卒，横枪跃马，往来炫耀。此时，气盛的李世民必召唤的就是秦琼，而秦琼立刻应命出阵，绝不会让英主失望，三两回合，定斩敌于马下。但秦琼似乎又是个悲情的英雄，陪葬昭陵，今墓在何处都不得而知，又何谈墓碑？

陪葬昭陵，是有着严格的身份要求和等级区别，皇亲国戚和文武功臣们，想去的不一定去得了，能去的洋洋得意自豪之至。其实，自太宗制定了昭陵的陪葬规格后，很多够得上陪葬者，都是预赐位置，夫妇双方谁先走谁就先躺在那儿，静等另一位来集合报到。看星罗棋布的昭陵陪葬图，密密麻麻，星星点点，好一派热闹的景象，那真是富人区，豪宅啊！这着实也让当时的规划局长费了一番心思。对秦琼这样重要人物的墓的寻找一直没有中断过，但没有结果。昭陵陪葬墓的分布是有规律的，它反映着浓重的宗法思想，有明显的贵贱之分。皇帝的嫔妃、嫡出的公主大多葬在距陵山较近的山坡上，而一般大臣、庶出王子、公主都葬在山下的平原上，距陵山较远。根据昭陵大臣陪葬墓的排列规律推断，比秦琼呜呼哀哉稍晚的段志玄墓旁，有一个大冢，专家们疑即秦琼墓，墓内空空，大概盗墓贼来此巡视过。叙述这种情形，很容易让人想起秦琼常年的病魔缠身，他曾凄凉地说过：“吾少长戎马，所经二百余阵，屡经重疮，计吾前后出血，亦数斗矣，安得不病乎！”英雄当年已不复矣，人生的

◎唐 《李承乾墓志》

无奈。其实复又怎样？生前身后都让你占了，也就那么回事。昭陵陪葬墓中，通过考古发掘和墓前碑石文字上的辨识，已能够确定墓主的只有七十座，可见如秦琼一样命运的，也不在少数啊。

太子李承乾的墓很明确，20世纪70年代中曾进行了发掘，出土了一合墓志。志上文字不多，书写干净利落，但不耐看，没有什么味道，好像一个只有书写功力而没有想象没有涵养的人的简单比画，这样的东西是很难抓住人的。志上寥寥的文字只记录了家族世系，没有功绩叙述，也乏颂词，这很容易让人联想到承乾太子的生前死后之事。曾经的太子原本就是个有故事的人，他死后能得以陪葬昭陵，完全是其后人的面子。

太宗李世民和所有的皇帝一样，在计划生育方面做得不大好，战事政务还都缠不住他，生啊生，一口气光儿子就生了十四个。和原配文德皇后生了三子，即承乾、李泰、李治。承乾为嫡长子，太宗即位，八岁的他便被立为皇太子。十几个儿子再加上女儿，老李能管得过来吗？他肯定是要区别对待的，皇太子自然是重中之重需要悉心栽培之人，革命事业的接班人啊！老李着实也为这小子花费了大气力，先是委任德高望重的李纲为太子太师，培育这颗小苗，李纲过世后，太宗又委派当朝大儒于志宁和李百药二位来教导太子。随着年龄渐长，太宗还给他一些实际工作锻炼他，但最终证明，太宗这一切是枉费心机，承乾这小崽子不成器，辜负了爹的良苦用心。他整日在太子宫里同群小亵狎，召手下出宫偷盗百姓的鸡和牲畜回来炖着吃，于志宁上书朝廷报告其表现，他怀恨在心，竟要刺杀于。另一位老师李百药也是使出浑身解数，都无济于事，承乾的习性如故，让他彻底灰心了，最终称疾离职。纨绔子弟们生于深宫，锦衣玉食，不知横枪跃马开创基业的艰难，也没有当过下乡知青到农村体会过民生之苦痛，真的是很难成事。其实，这小子当了太子压力也大，小时候的一场大病脚部落下的残疾，不能不在心理上留下深深的阴影，眼看着兄弟之辈中不乏干练果敢者，他怎能不担心有朝一日会有人取而代之。终于，极度的自卑、猜疑和防范心理与急不可耐的欲望纠结在一起，使他对形势做出了错误的判断，纠集几个利令智昏者欲谋上。显然，承乾小子还嫩了一些，你不想想，你老爹当年在玄武门和你大伯你小叔是怎么玩过来的，在前辈面前你还来这一手，那不是自讨苦吃吗？迅即太子被废，徙于黔州，最终再也没回到长安。

时光过去了几十年，唐玄宗李隆基的开元年间，承乾的孙子李适之完全凭着自己的才干当上了宰相，念着先祖的曲曲折折，总想瞅个机会给玄宗进言，不讨什么说法了，至少把坟得迁回来啊！曾经的太子还是陪他爹最好，恩怨情仇都让他们父子黄土下去论说吧。承乾得以走进昭陵，蜷伏在离高大的爹远远的地方，封土呈圆锥形，与相邻的陪葬墓相比，显得很小，当地群众叫它“牛犊冢”。我想，当初承乾墓迁来的时候，适之孙儿一定也会为祖父立一块碑子，可写什么呢？由谁来写呢？如果碑主缺乏一些正面的品行，又没有坚实上升的内容，文章打动不了书者，笔墨也会贫乏的。

武氏也可能在意已故的高宗那通渊源有自的书写吧

昭陵还有一块皇帝撰文并书丹的御制碑，风雨千年仍完好地耸立在碑主的墓前，这便是唐高宗李治为李勣宰相所立的神道碑。碑额阴刻篆书“大唐故司空上柱国赠太尉英贞武公碑”十六个拙朴厚实的大字。螭龙盘绕的碑头，雕刻精美，栩栩如生，很好地表现了螭喜好爬高上低活脱生动的天性，扭曲环抱的姿态又显示出了皇帝真龙天子的威严，昭示着皇帝急切渴盼贤臣或思念亲人的心情。碑座神龟高昂的头，坚实有力的背，显示了一种信心，足以承载这巍巍丰碑。唐时的碑首碑座的制式非随意为之，而是有着十分严格的使用规定，像此碑首只有五品以上的官员才能圆雕螭首，其余为圆形碑头。昭陵陪葬墓大臣的墓碑中，只有魏征、李勣的碑子是龟座，其余为方座，这也充分显示了墓主的尊贵。这通御制的碑子可谓是昭陵陪葬墓墓碑中最巨者，碑身通高5.70米，下宽1.8米，厚约0.54米。这个尺寸不仅在唐碑里，就是在所有的碑子中都是罕见的。碑文34行，计约3520字，只碑子下部少许文字漫漶模糊，绝大部分文字清晰可辨。到底是龙子龙孙，高宗李治一路的王羲之行草书，如行云流水，温婉和顺，还真的有些“不激不厉、风规自远”之致。

唐太宗李世民抬举老魏征，唐高宗李治恭敬李勣，都是有些缘由的。太宗李世民和文德皇后生养了三个儿子，老大承乾长于妇人之手，又染上一身的坏毛病，腿的残疾也使得心理不健全，终走错了路，太子身份被废。按理说，这下该轮到了次子李泰，李泰本事是有一些，就是太自大，整日高视阔步，目中无人，群众基础比较差。太宗征求群臣意见，或支支吾吾，或顾左右而言他。无奈太宗又把目光盯在了文武兼备，恰似当年自己的吴王李恪，但非是嫡生，遭到了元舅长孙无忌宰相的坚决抵制。在长孙无忌、褚遂良等人的极力推荐下，三子李治被立为太子。看到大哥被徙，二哥被晾，这三弟被立为太子的时候竟泪流满面，内心浮现的是亏欠之意。真是一个好孩子，能是一个好皇上吗？也许长孙舅舅正看中了他这一点，柔弱的三外甥继位后好操控，也使得贞观的政策能延续下去。很显然，这样会有大权旁落外戚的危险，必须有人来矫正，老辣的太宗想到了李勣 。李勣当年追随太宗，战功卓著，其资历非同一般，人又正派，用太

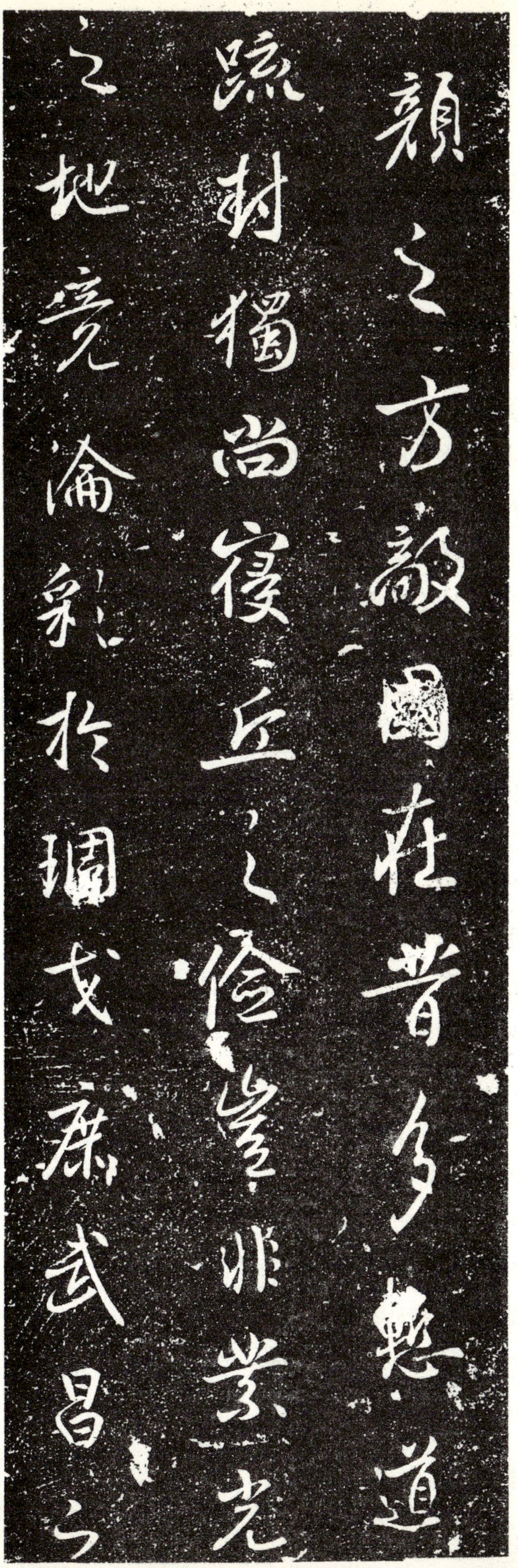

◎唐 李治《李勣碑》局部

宗的话说是个“纯臣”。当年太宗演的玄武门同气推刃那场戏里，主要演员中就没有李勣，太宗找他他不干，日后太宗还格外地敬仰他。以太宗的推想，如果长孙无忌他们尽心辅佐李治，李勣会很好地配合他们。如果把李治架空，以李勣在军队里的地位和威望，收拾这几个文人小菜一碟。除过朝廷内部的健康运作之外，太宗可能还有江山社稷安危的考虑。因为在贞观末期，当年驰骋疆场能征善战的老一辈革命家、军事家，要么已先期去了昭陵，要么年事已高腿脚都不听使唤，国若有战事，五十壮年的李勣还可以领兵出征，保李家王朝天下无忧。

太宗的考虑无疑是对

的，他为了仁弱的太子，在李勣老臣身上可谓是费尽了心机。立李治为太子之时，也同时为李勣加官进爵，并不失时机地对李勣说："我儿新登储贰，卿旧长史，今以宫事相委，故有此授。"若此番言语有些露骨世俗，在酒宴上的连番为李勣劝酒，直饮得李勣酩酊大醉后的"解御服以复之"还算有些风度，但接下来的一幕就让人大跌眼镜了。太宗病重，召太子于跟前，上气不接下气地讲了这么一番话："李世勣才智有余，然汝与之无恩，恐不能怀服。我今黜之，若其即行，汝于后用为仆射，亲任之；若徘徊顾望，当杀之耳。"于是，太宗咽气之前，一纸红头文件，免去了老李的宰相职务。什么原因呢？文件上没有说明，官场中人也许心知肚明，此时写这篇文章的书生目瞪口呆，才智过人的老李当然清楚，接过诏书，没有回府，径直外埠赴任去了。葬埋了世民爹爹，听话的李治旋即把李勣召回朝廷，继续做了宰相，主要抓军队的事情。在后来的诸番军事动作中，李勣为李治的唐王朝发挥了中流砥柱的作用。譬如第二次对高丽的用兵，一雪太宗草草退却损失多多的耻辱，大获全胜。在朝中有李勣的制衡，长孙无忌、褚遂良等人也尽心辅佐高宗，使得"永徽之政，有贞观遗风"。太宗搞的政治小手腕颇有些让人不齿，但保证了唐朝社会能得以健康的发展，对老百姓也有好处，咱也不能批判人家。这老李勣就是在高宗废王立武的事情上有惊人的一笔，是耶非耶，让人不好理解。高宗召人在内殿商议废立之事，他"称疾不入"，在众人一致的反对中，李勣私下对高宗说："此陛下家事，何须更问外人！”于是，高宗“意遂决”，武宸妃立为皇后。武氏日后当政并称帝，整个社会经济还是往前有很好的发展。但她的“虎狼成性，残害忠良”，连废中宗、睿宗，诛杀唐王室，不仅李勣不愿意看到，就连他的孙子李敬业也愤而起兵，因此祖父李勣遭“掘冢而暴其骨”。政治人物的命运真是无常，魏征不也是死后不得安宁吗？但高宗李治在公元683年已驾崩，公元684年李敬业起事并被杀，李勣墓前的那通碑子得以保存，武氏也可能在意已故的高宗那通渊源有自的书写吧。

高宗李治自幼受到良好的教育，又为嫡生子，太宗自然也会悉心教导。受其父影响，腕下一派晋人之风，《李勣碑》的书写中规中矩，点画结字力追“大王”，一些关键的地方颇能得其要领，史上论者，多有肯定。叶昌炽《语石》曰：“《英公李勣碑》皆行书婉妙，家法相承，宛然羲、献。”杨震方《碑帖叙录》语：“唐高宗书法受太宗熏陶，笔致神采奕奕，后半尤见纵横笔势，有晋人风度。”这些评价还是中肯的，没有盲目的拔高。晋人的线条，晋人的心灵是不容易进入的，能得其形，就不错了，得其神韵，何其难也。王羲之们是在一派悠游中获得自如的，而大唐的程式化则只能让书法在“莫道楷书不言情，写到痛处不欲生”里得到慰藉了。李世民在一定程度上获得了自由，但谨严规矩的高宗笔底下的表现就逊色一些，功力所限，点画唯唯诺诺，性情所致，又乏一些果敢凌厉，还欠一些乃父的趣味，有些僵硬的书写一定会影响到行气的贯通，这样认识《李勣碑》

的书写，是符合客观实际的。至于“魏晋以后，惟兹二王，然逸少少力而妍，子敬妍而少力。今见圣迹，兼绝二王，凤翥鸾回，实古今书圣”之语，纯粹是马屁，说给太宗，他也不敢当。

秦汉至唐，刻碑记事大都是功夫字，行草书入碑自唐太宗始，皇帝就是皇帝，想干什么都是对的。开明的太宗崇奉王羲之，群臣也绝对是亦步亦趋，你不要看欧虞褚之辈天天写的都是工楷，他们本来就是自晋而来的，在正常的书写中，也完全可以看出在旁涉右军，以迎合太宗的意趣。

《李勣碑》作为一通帝王的书写，那么完整，又那么整饬，理应得到我们的珍爱。李勣名世勣，就是白话小说中的徐懋功，早年归唐献地有功，高祖赐他皇姓，永徽元年，为避太宗皇帝名讳，又更名为李勣。今昭陵博物馆就依着他的“有群峰崔嵬之状”的墓而建，进了大门，高大气派的《李勣碑》立刻就扑入了你的眼帘。

昭陵和《兰亭序帖》的文化之梦，也会永远给我们以美好的想象和有益的启示

每每站在那坦阔的关中大地上，远望云雾缥缈中的九嵕山峰，我的心间总会浮现出美国黑人领袖马丁·路德金那篇著名演讲的题目《我有一个梦》。我的确有一个梦，在昭陵，在九嵕山那厚厚实实的黄土覆盖着的太宗陵寝的地宫中，以至我从不爱踏上那山，我生怕顺着那台阶一步步将一个美好的梦想踏碎。其实，这个梦何止是我，一切爱好传统文化的人，乃至我们的整个民族，都沉醉在这个文化之梦里固执地想象，千年不醒。这便是那帧号称天下第一行书的晋王羲之的《兰亭序帖》是否已随葬昭陵，至今情形如何？

“翰墨风流冠古今，鹅池谁不爱山阴。此书虽向昭陵

朽，刻石犹能易万金。”宋米芾的诗作有在惆怅中寻得一丝慰藉的意思，但隐约间，我们也可感觉出对太宗皇帝的些许幽怨之情。李世民酷爱王书的事实是客观存在，有他确立的王书在书法上的正统地位，进而影响了一千多年来的书写历史，也是无法改变的。

苏轼《书太宗皇帝急就章》中说：“自古英主少有不工书者。”此言不虚，但不全面，英主善书，昏君书法出类拔萃者也不在少数，甚至成就名头及影响几乎盖过了李世民诸辈，譬如梁武帝、李后主、宋徽宗等。梁武帝作为优秀的书法家，不仅有诸多书写存世，作为杰出的书评家，更为我们留下了具有许多真知灼见的书论文章，有些观点和评语更成了至今难以易移的定评，如评王羲之的“龙跳天门，虎卧凤阁”句。第一流的词人李后主的书法一反其软弱多情，笔力遒劲，气魄雄浑，他提出了最科学最全面的执笔方法“擫、压、钩、抵、格、导、送”，并对七字做了具体的解释，对民族书写也产生了重要的影响。宋徽宗独创的瘦金书更是以其鲜明的风格，为后世许多习书者所喜爱。这些哥们儿皇帝没有当好，却全是硬气朗朗的一流艺术家。当然，作为善书的英主里面，唐太宗李世民书写成就最高，书法理论和书法行为，对书法发展产生的推动作用也最大。

太宗皇帝贵族出身，才智过人，但年少即随父弓马沙场，整个的青年时代都奔走在血雨腥风之中，“以武功定祸乱，以文德致太平”，取得天下之后，以“亡隋为戒”，任贤纳谏，发展经济，开创了“贞观之治”的太平盛世。在他

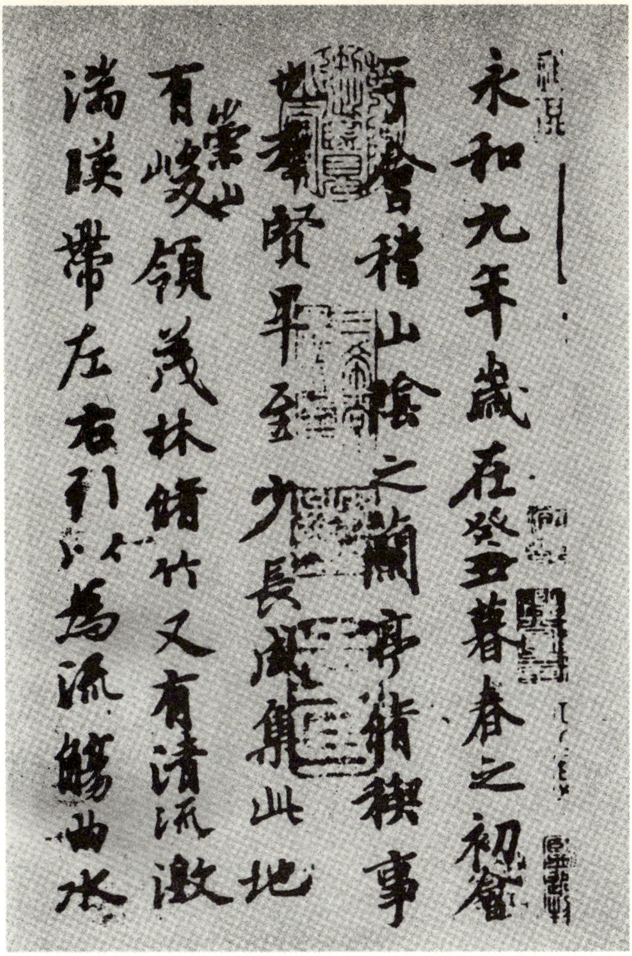

◎唐 《冯承素摹本》局部

并不算太长的一生中，戎马倥偬，政务纷纭，竟在书写上取得了很了不起的成就，不得不使我们钦佩之至。书法是要写的，书法的技法要领若讲起来，一个上午可能也就讲完，但真正地要把这些法则运用到位，还能有所变化，那是一个太长太艰难的过程。太宗在昭陵魏征墓碑上的书写我们今天已无缘看到。《晋祠铭》《温泉铭》等书迹已足以让我们对他保持敬意。《晋祠铭》里的行楷书线条凝练含蓄，已显示出足够的笔力，结字在晋人基础上时出新意，表现出了书者的才气。《温泉铭》的行草书更是下笔果敢，点画精准，字间有轻重，行间有大小，自然洒脱，风神逼人，完全是一种物我两忘的书写。还有《淳化阁帖》里面的太宗书迹，都充分表现出了他的书写水平。

“夫学书者，先须知有王右军绝妙处得意处，真书《乐毅论》、行书《兰亭》、草书《十七帖》，勿令有死点画，书之道也。”若是今天有人在王羲之众多的书写中点出这三个帖子，真的是很平常的事情。但在唐初，把这三帖从右军书中提出来，那是慧眼。这些话都出自唐太宗为王羲之写的一篇《传论》，唐代修史，每成一史，按惯例后面都要附一篇评论，《晋书》中《王羲之传》的评论是由太宗亲自操刀的。一个帝王为前朝的艺术家写评传，而且推到了既高且美的至尊地位，有理有据，文辞华美，王羲之光荣得不得了。

唐太宗为什么独喜王羲之，这是一个颇耐人寻味的事情。有晋一朝，汉文化重心南移，北朝内徙，少数民族文化与汉文化融合生成了一段方重峻宕拙朴雄强的书写。统一的隋朝，瞻前顾后，姑且认为是书写上的过渡吧。大唐开国，制度完备，威加四方，蓬勃向上的气象中呈现着清新浪漫的气息，作为北方豪族的太宗李世民缺啥喜欢啥。于是，南方的王羲之很自然地进入了他的心灵。强劲而恒久的汉民族文化又一次卷土重来，覆盖了华夏大地。又正如初唐的文风，隋的统一南方，只是地盘的概念，汉的正宗文风却迅即北来，弥漫了整个中国。北方君主轻文重武，文化上还是要认渊源深厚的正脉汉文化的。唐楷似乎是中庸的结果，但也是汉字书写发展的必然，而作为一代帝王的唐太宗李世民竭力尊崇王羲之，致使初唐书坛洪波涌起，涛声震天，对唐代书法的发展发挥了至关重要的作用。

在唐太宗以国家之力，广为搜求王羲之书迹的时候，绝代名作《兰亭序》如愿到了他的几案之上。阎立本的《萧翼赚兰亭图卷》真切地记录着萧翼的诡异和辩才和尚的慈善。萧翼是遵命，老辩才的失落和悔恨，也是显而易见的，太宗皇帝的形象似乎不怎么光彩，但《兰亭序》要真的被辩才师傅永远放置在房梁之上，又会是一种什么命运呢？此时，也许太宗皇帝功过参半，而后来的《兰亭序》与之同入昭陵，世民老哥哥似乎就有些不应该了。贞观二十三年（公元649年）太宗皇帝就要远行，这天他拉着太子李治的手说："吾欲从汝求一物，汝诚孝也，岂能违吾心耶？"太宗所指的一物当然是他所倾心钟爱的《兰亭序帖》。父之将死，情何以堪，莫说《兰亭序》一纸。于是，这凡28行，324字的蚕茧纸走入昭陵，一个割不断理还乱，欲说还休梦已阑的文化之谜永留人世间。

昌明的社会应该有昌明的认识，古墓是不可以轻易挖掘的，对待皇陵更是要慎之又慎。那么，《兰亭序帖》是否还在太宗皇帝的寝陵之中，命运如何？人们都在开动脑筋固执地想象着。可树大招风的帝王陵墓，在官匪及盗贼那里很少能保全自己，《宋会要》里记载，太祖赵匡胤决定对前代帝王陵墓进行修复保护，在存废调查中，仅唐十八陵就已有十二座被盗，这其中就包括昭陵。而史籍中也记录着五代后梁时，渭北的一个节度使温韬对关中唐陵进行大规模的盗掘之事。说温韬“在镇七年，唐陵在其境内者悉发之，取其所藏金宝。而昭陵最固，韬从埏道（墓道）下，见宫室制度闳丽不异人间，中为正寝，东西厢列石床，床上石函，中为铁匣，悉藏前世图书，钟王笔迹，纸墨如新，韬悉取之，遂传人间。”白纸黑字，让我们的心万分纠结。盗出的钟王笔迹哪儿去了？两宋至今，杳无消息。也有人对温韬盗昭陵的真实性提出过质疑，认为昭陵不在他的治地，可能未被他盗掘，《兰亭序帖》应该还在昭陵之中。

从书法发展的历史来看，有关昭陵和《兰亭序帖》的一切，似乎都并不重要了，也不说有那么多的摹本临本和石刻滋养了千年来的书写，王羲之与《兰亭序帖》已经演变成了一种文化精神，一种传统的象征，一种无形的财富而永存我们民族的心间，昭陵和《兰亭序帖》的文化之梦，也会永远给我们以美好的想象和有益的启示。

好些县的藏品都是一个普通的碑刻爱好者难以想象的

近年的西安，总在听建立关中大遗址之说，此言很有文化高度，远见卓识也。

急切切奔走的当下社会，人们在物欲横流中搏击沉浮，不择手段地追求金钱和享乐，吃祖宗饭，向先人要银子，成了一些饥渴难耐之人的惯常手段。这些手段使用在文物上无非是盗和卖，今天的盗可不是一把洛阳铲了，工具的科技含量让人惊叹。而卖则更是让人哑口无言。今年的全国“两会”上，也透出了许多方面的真实。不过，这些直言实情让人听了会沉重得喘不过气来。一位文物界代表说，高两米、重达几十吨的特大型文物，三五天就能流向国际市场。我真的不愿意相信，也不能理解这样的事实。与国和家相联系的总有国门和海关等词语。什么是门？可以关可以锁啊。什么是关？肯定是有持枪者把守啊。怎么弄的，几十吨的宝贝之物三五天就出去了。媒体上不常常报道人们进出海关时，身上一点儿小小的夹带都给搜查出来了吗？我总认为，我们的家门口处处都是那些穿了制服，手持钢枪，年轻英武的身影，一双双利剑般的目光蚊子飞过去都能看见。看来，我的天真加幼稚今生不变了。

更可笑的是，我们管不住自家的人，看不住自家的门，竟跑到外国跟人家说，你们不能接收我们流失的文物啊，还有模有样地签了所谓的限制中国文物进口的谅解备忘录。这不无疑于老鼠对猫说，你可不要吃腥荤啊。还惹得人家的大学教授、文物专家、商人联合起来，跨洋过海来跟我们的有关部门说，为什么要限制呢？放到我们的博物馆会受到更好的保护啊。有时无奈地想想也真是，要是我们这么乱，就任它去吧。那位代表还讲道，2010年全国就盗掘了近万座古墓。那么，我们这块土地上究竟还有多少古墓可挖？这样的挖法，谁又知道其中的文物都流向了何方？我们真的是要挖干挖净，给后人什么也不打算留了吗？

我知道这许多的事情都发生在陕西的地面上。大墓小墓都要盗，秦皇的祖坟去年就给挖了。在这个地面上，挖古墓的也未必都是陕西冷娃。从媒体圈、公安口，以及文物界的朋友们那里，我听到了许多许多此类的事情。包括这个行道的我也有接触，当然他们都不是直接上手挖的，也不是以做这方面的生意人面目出现的，他们这方面的知识和素养使得他们还很有一些雅气，坐在你面前，你是看不到他真实一面的。去年冬一个星期天的早上，我去了距我们单位抬脚可到的八仙庵文物交易市场，见一个中年男子鼻涕刺溜，两只冻僵的手抱了一对新土掩映的绿釉汉罐，很快出手。我当时曾怔怔地想，这是昨晚挖出来的吗？冬天土冻着，可夜长人稀。汉罐不值钱，带釉的也不会有多高的身价，可这些东西从哪儿来，又到哪儿去了？站在那冬日的寒风里看着眼前发生的一切，我不知道都想些啥，脑子里乱急了。

“腹有诗书气自华”，一个家庭要有传统，一个民族要有渊源，自然是气质作派不同于一夜暴富者。建立关中大遗址保护区，往更大说，就是要寻找我们民族的根，呵护我们民族的魂，重拾我们民族的自信，实现我们民族的伟大复兴，多神圣的事情，我们小民自然是乐意赞同的。尽管做这

◎已不分明的泾河渭水在高陵平静的交汇

件事情，作为陕西的我等百姓还可能会有暂时的亏欠，譬如20世纪70年代初，西安市政府就拒绝了“二汽”在汉长安城遗址的选址。近年为巍巍秦皇陵遗址和“千宫之宫”的大明宫等遗址的保护建设，经济欠发达的陕西相继投入了十数亿元。但是，我愿意啊。灿烂的商周，强大的秦汉，蓬勃向上的李唐，关中的这块土地记载着中国历史的辉煌与梦想。

比存折里的银子，不行。比家藏的文物古董，关中这块地方可是不输人的。官府掌控的且不说，民间的私藏也绝对是外地人艳羡的。近来地方当局好像出台了一个建立民间博物馆的什么文件，如果没有大量的私藏，没必要写这个条文嘛。西安圈子里很多朋友玩得也是很有滋味的，本人不行，没有成绩。前年曾开车将一对一米多高的明清石狮子送至朋友的“大放堂”，我知道这种地面大型石雕也是弄一件少一件，可几十年的老朋友了嘛。还有正经的麻纹布纹素胎汉罐之类，这些年我不知随手送人了多少，只要朋友高兴就好。

其实，关中就是一个大博物馆。我们就说碑子吧，据我了解，关中道上的每一个县，都有着很好的收藏，好些县的藏品都是一个普通的碑刻爱好者难以想象的，譬如高陵。

得见这两通碑子的时候，是我正专心致力于北朝的时期

大堤宽绰得俨然像一条大道的路基，我们的车子微有些颠簸地行进，至一偌大的沙场停了下来。朋友指着远方说：“喏，看见两水交汇了吗？”看到了，两条明晃晃的水流，大的自西而来，小的自西北而至，在一片坦阔里，平静地融为了一体。坑洼不平的滩长满了齐腰深的蒿草，使我不能更近距离地看清楚那水的表情，水的激动。我想，它们一定是有渴望的，各自带了许多的秘密，它们一定也是有向往的，相携相依，向东，去寻找更浩瀚的风景。

这便是泾渭分明——一个镶嵌在中华文明中遥远的美丽，曾引发了无数人美好的想象，它就发生在关中高陵的土

地上。当然，我们今天眼前宽的渭河和窄的泾河，水的颜色已分不出清与浊来，但美的意蕴依旧，它仍将滋养着我们民族的文化情性，以至永远。

高陵，连同毗邻的泾阳、三原俗称泾三高，有八百里秦川的白菜心之誉，古长安之门户，西是秦皇帝都，东是巍巍骊山，“古气所锺，人文蔚盛”。特殊的地理位置孕育着灿烂的文明，众多的历史文化遗存中，碑刻便是其重要的组成部分。20世纪80年代初和末，该县文物部门曾两次对高陵碑刻进行过较为深入的普查，共统计出碑刻二百余通。上起北朝，下止民国，丰伟的巨碑，精整的墓志，残损的经幢，斑驳的造像，以及敕牒、界至等杂碑，一应俱全。规矩的真，畅达的草，静穆的隶，婉通的篆诸体皆备，其中不乏特点鲜明个性彰显之作。这些碑石大多为解放前出土，有近十通碑子还颇有身价，历史上的金石书籍中可见记录。而这十来通见诸典籍的碑子今却或毁或亡，多半不存。譬如《王履清碑》《李晟东渭桥碑铭》《东渭桥河运院记》《李辅光墓志铭》等，早已是无处可寻了。但愿它们还完好无损地掩埋在

◎北周 《刘欢庆造像》局部

高陵的土地下，某年某月忽然又呈现在人们的面前。高陵的地理位置决定了文物碑刻众多，但这块地盘在历史上无疑也会是战乱频仍，动荡不断，对自然人文的破坏可想而知。关中文物圣地，高陵又为望邑，但毕竟这一个小小的县域，其碑石的存藏，在千年前的《金石录》等金石书籍中能有十来通的著录，也蛮是不容易的。想那遥远的时日，交通不便，信息不灵，很多时候访碑者都是踏破铁鞋，赵明诚诸辈治学花了何等的气力，古人的做派，古人的风范，对今天的我们应该有所启迪。

最早让我感兴趣的高陵碑石，即刻制于保定二年（公元562年）的《征东将军造像》和刻制于建德元年（公元572年）的《刘欢庆造像》两通北周的碑子。得见这两通碑子的时候，是我正专心致力于北朝的时期。待稍后将北朝的碑石诉诸文字，是我关于渭北“耀县碑林”北碑的专题，其中并没有涉及在高陵、临潼、咸阳等地我所经见的北碑。其实，高陵的这两块造像石的文字书写有着很高的书法价值。北周从书法演变的意义上讲，已是北碑的晚期了，汉字书写大致

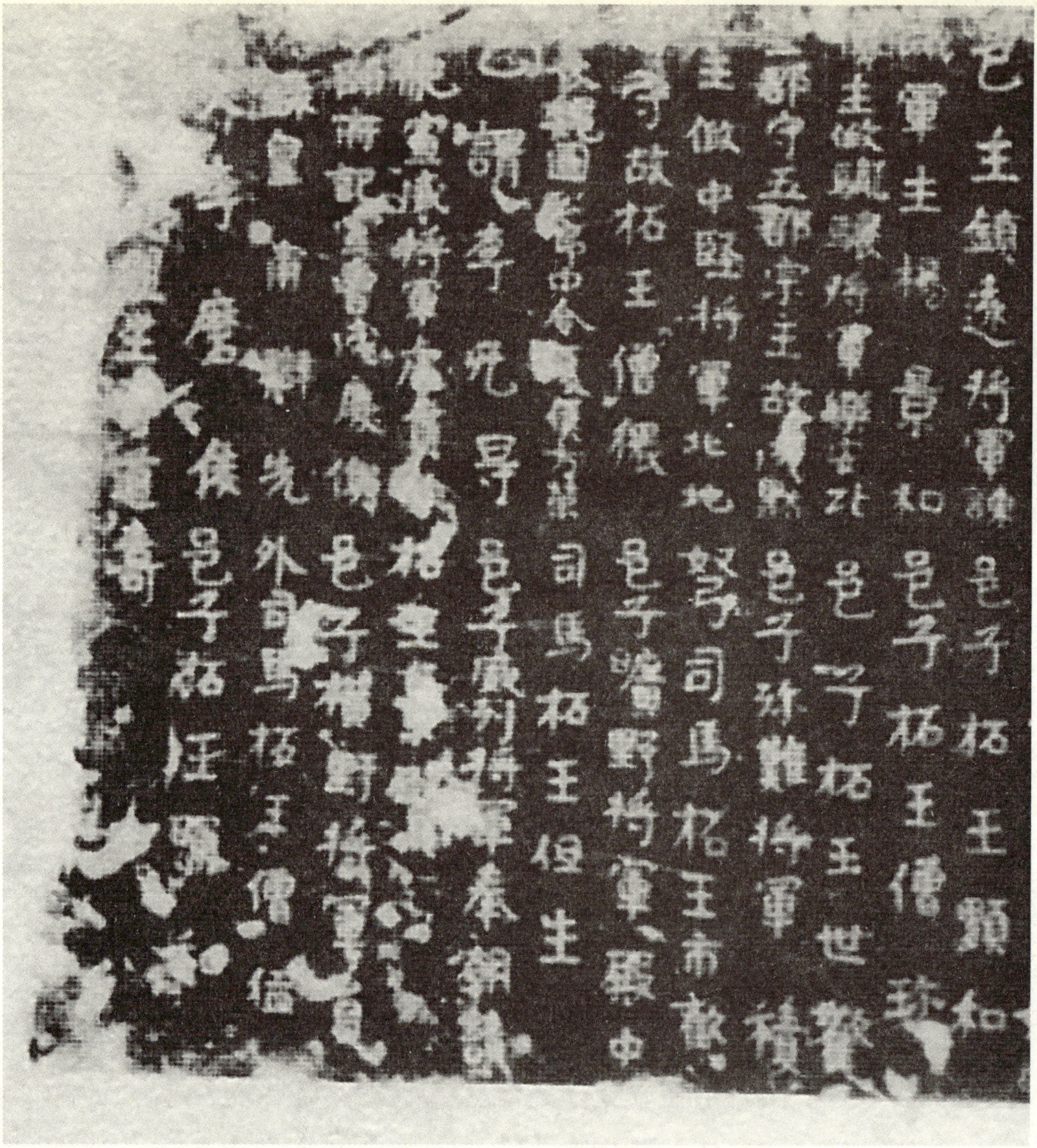

脱去了隶书的体貌，朝着唐楷的方向急速的流变，《征东将军造像》的字体很清楚地表现出了这一点。它的结字谨严，八法已具，行笔和缓，情意专注，线条具有浓浓的意味。而《刘欢庆造像》的书写则有所不同，结体疏宕，行笔自由，隶书的意味较浓。纵观北碑，书体总的发展趋势下，也呈现出了不同的风格，渭北的书写地域特点非常鲜明，那就是结

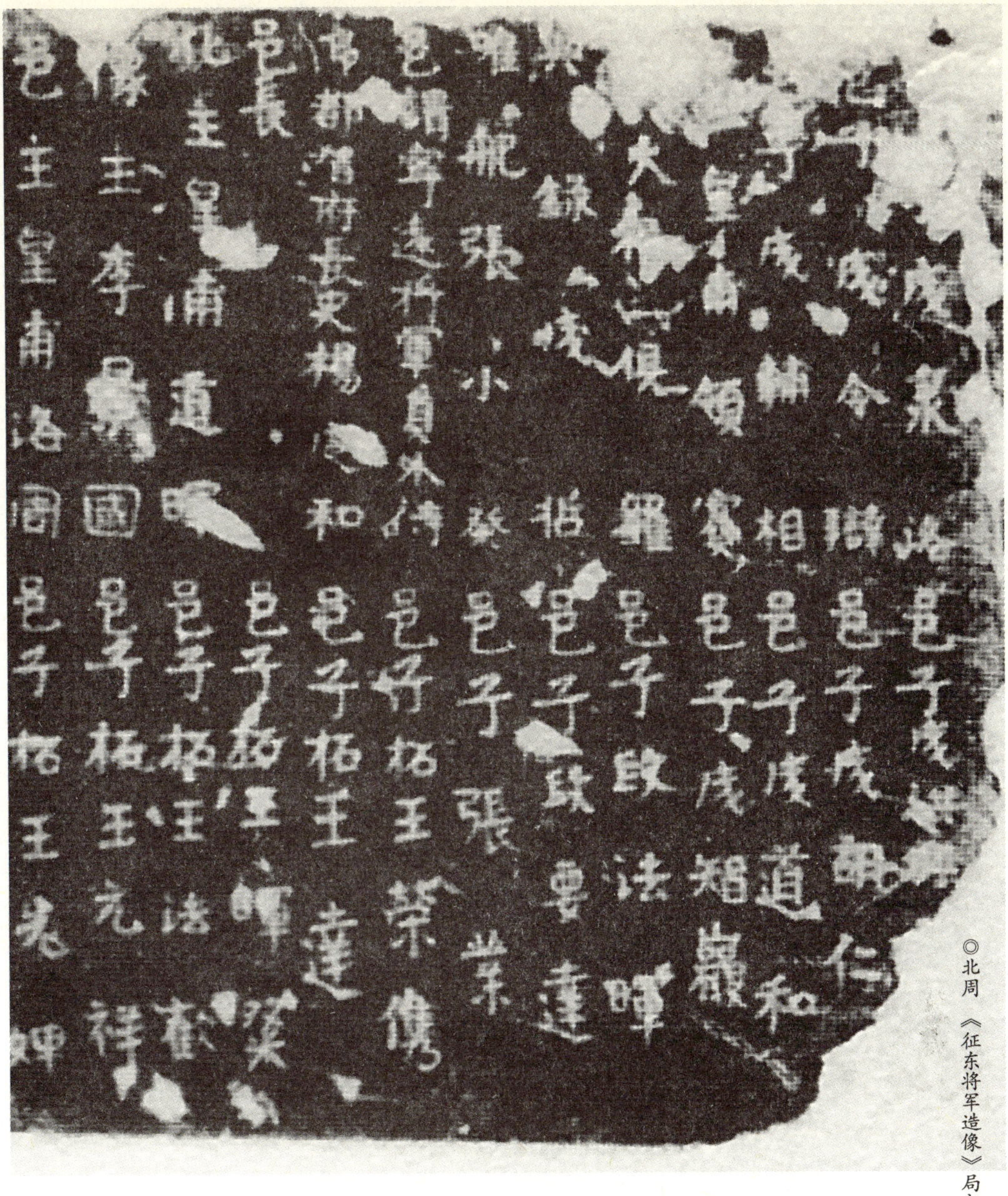

◎北周《征东将军造像》局部

字的平画宽结，与隶写的情意缠绵不忍离弃。《刘欢庆造像》比较显著的表现出了这一点。

《征东将军造像》的全文长达253字，在北朝的造像中算是文字较多的。因此，对于书法的学习具有很好的帮助，字多有规律可寻。当然，有时候书法的研习，是从某一点上忽然会有所感悟有所生发的，好比我面对《刘欢庆造像》，散淡不经的题名就很让我心动，顿时好像有了感觉。

这两通北碑都是在20世纪八九十年代于高陵出土的，想来沉睡于地下的年头不会太短，甚至有可能是当朝地面就不见踪影了。历史上有名的“三武一宗”的残酷灭佛，两次就发生在北朝。其中，周武帝宇文邕对佛教的打击也堪称是毁灭性的。高陵的这两通碑石要想逃过一劫，只有沉入地下。何况周都于关中，京畿之地那搜查诛杀是相当严酷的。而且这两通碑石的品相还好，碑面也清亮，很可能就是刻成后不久即掩埋地下了。关中地面上，北朝的书迹遗存大都是碑、墓志之类，碑集中在渭河两岸，也就三百块左右。其中，周的碑子也就二十来块。北周仅二十五年，又灭了一次佛，高陵能存两通周的碑石，且有较高的价值，已经是很不错了。

往前数，这种楷隶相杂的书写还是很多的

《冯师训碑》是一通唐碑，20世纪80年代初期出土于高陵的梁村原。碑身高近两米，碑首阴刻有“唐故左武威卫将军张掖郡公冯府君碑”十六个篆字，此碑通身完好，只有三两处有一点点残损，面对字口清晰黑白分明的拓片，总给人的印象是新刻成的或是复制的。

碑主冯师训在历史上并不是一个多么显赫的人物，即就是在有关唐朝的历史史料中也不见记载。但从碑文看，此君还屡有战功，这个西北旱鸭子还作为大唐的水军将帅参与了出击高丽的战争。此碑刻成于唐武则天长寿三年（公元694年），冯师训应是初唐时的人物，碑中还记载了碑主多

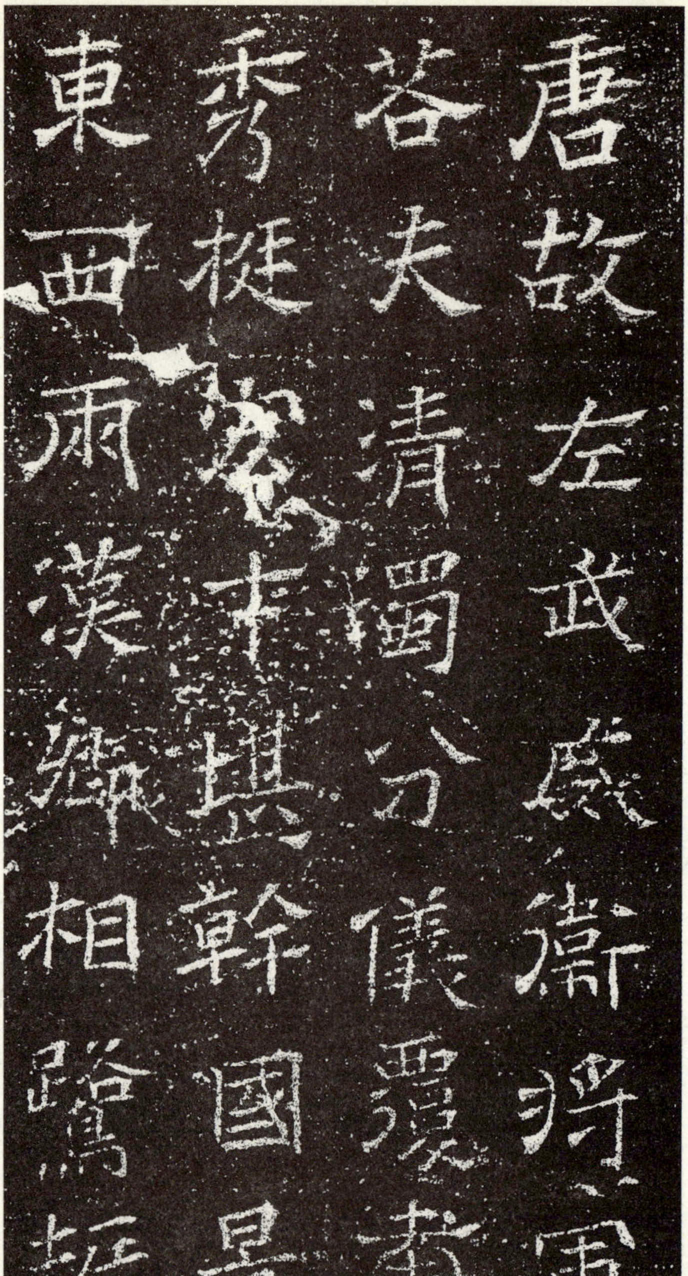

◎唐《冯师训碑》局部

次领命“经略叛军，讨击山贼”的经历。

此碑的撰者冯敦直，是冯师训的本家兄弟。此君文好，字也应该很是不错，高陵还有一通《冯本纪孝碑》，即为冯敦直书丹。可惜此碑今已不存，也难再看到他的功夫了。《冯师训碑》碑文中很清楚地记载着撰文者，却找不到书丹者的名字。但此碑的书写有特点，非唐的正楷，而是楷中有隶，大致是楷七隶三吧。汉字书写一入唐，就遇到了欧褚虞薛四位楷书大家，迅疾就确立了森严的正楷规矩，这种不容懈怠的真书写法与套路坚硬的王朝相适应，获得了不容置疑的正统地位。尤其是在王公大臣庄严的神道碑书写上，你要是想来一点儿变化，还是要有些胆量的。最起码书丹者不能让人讥笑为功夫不济，楷法不过关吧。往前数，这种楷隶相杂的书写还是很多的，南北朝及隋为我们留下了面目众多风格各异的遗存，不少还成为了我们师法的经典。譬如《二爨》《嵩高灵庙》《吊比干》等等。以《姚伯多兄弟造像碑》为代表的渭北的北朝书写更是精彩无比，激动人心。在唐代众多的墓志里，撇开正楷的束缚另寻面目的很是多见，但墓志大都是一些中小官吏，还有俗说的土地主们所为，怎么舒服就怎么写。但在较正规的丰碑巨制中这么干，还算是比较少见的，显然有些另类的意味。

高陵的唐碑最著名的应该算大书法家柳公权所书，丞相裴度撰文的《李晟碑》。此碑1956年被国务院确定为第一批重点保护文物，现被较好地保护在高陵一中的院子内，碑亭覆盖，气象森森。现存柳氏所书的几通碑子能有一通存放在高陵的地面上，也算是此地的一个光荣。其实，唐代另一位大书家的刻石在高陵也有遗存，只不过是人们还不大了解，这便是颜真卿书写的一通碑子。只可惜碑已残为三十余块，而今为官方掌握的也就一块。此碑书法为标准的颜体，低昂有态，轻重有致，铁钩银画，万钧之力。不大的幅面上，石花斑驳，书迹凸现，莽莽苍苍，万千气象。好字就是这样，让人不能自已，让人忘乎所以，让人毫不吝惜想把所有的赞美之辞给予她。对于这块碑子，我是很在意的，我与高陵朋友来往多年，他们都知晓我有一个心结，想得到一块此颜碑的残石。颜字于我有近十年的日日相伴，可谓一往情深。它不仅确立了我书写的基础，更让我从它的正大正派，厚实内

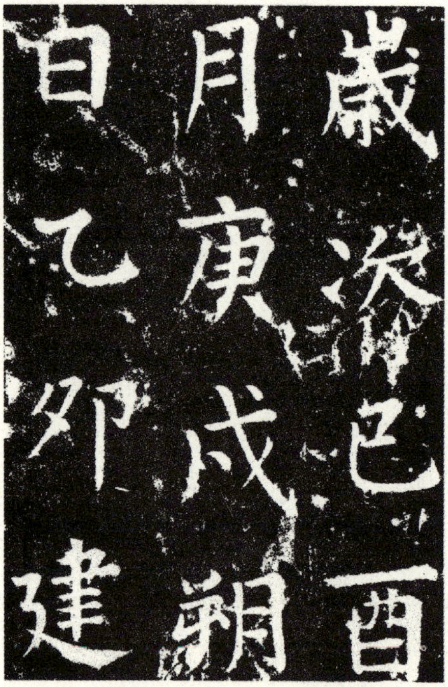

◎唐 柳公权《李晟碑》局部

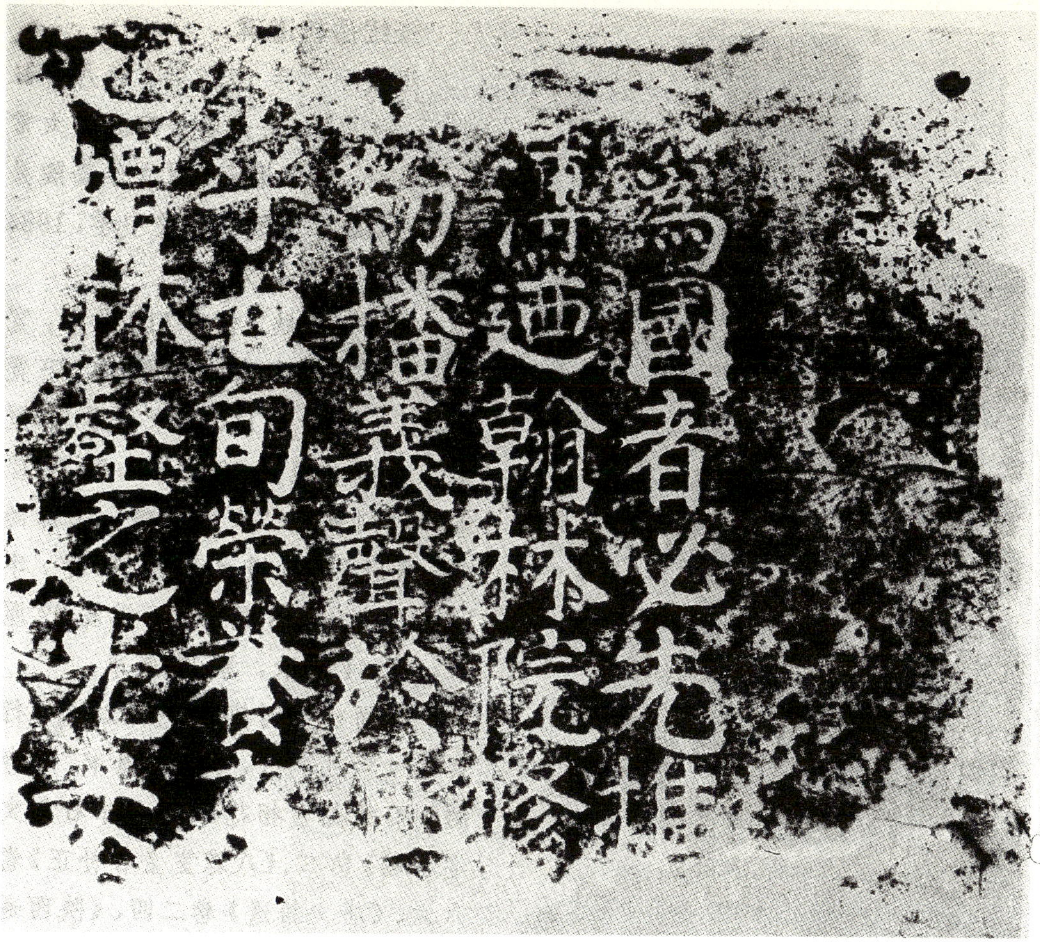

◎唐 《颜真卿书刻》残石

敛的美中悟出了在这个世上做一个人的道理。我相信此碑不管它是什么时候被人发现的，其余残石至今仍会在这小小的县域，或在地下，或在人们的私藏中。若有朝一日梦想成真，那将是人生的节日。

唐代的书法的确是一个高度，随便一个刻石遗留都有值得玩味，值得保重的地方。高陵藏有宋元明的刻石数十余方，数次浏览，鲜有打动我者。而当我第一次见到了《白马寺石佛碑》的拓片，就手舞足蹈激动不已，赶忙问石在哪儿，可以看看吗？我在高陵博物馆的库房见到了立在墙边的这块刻石。其实，这是一个佛的造像，头部已残缺，现存留的身高一米多一点。而此刻石全部的刻字是在其背部，共有“大唐敕建高陵三原临潼白马寺石佛碑”十六个大字。字在魏楷和隶写之间，且稍带行意。笔势开张，质朴放任，很有大雅不雕的意味。稍粗的石质又给此碑书写增添了些许的感染力。相较那些循规蹈矩亦步亦趋者，我更喜欢这些较为自由、较为散漫的书写，见性情，也见功力。从某种意义上讲，这种书写更需要才气，它首先要把不同书体的写法掌握，然后还要会熟练地运用，将它们和谐地融为一体，要自然流畅不能跳，这是很有难度的。难不难自己亲手做做就知道了，不能以为老老实实地写一笔纯工楷才是本事。

◎唐《白马寺石佛碑》

渭河的河身千年来也是有些不老实

高陵的碑刻中，曾有一块叫《东渭桥记》的碑，在20世纪80年代末还作过一次东瀛之行。而后，还有日本的好几批学者恭敬地前来考察学习。缘何如此？盖是因为唐文宗时，日本第十八次遣唐使入唐，便是从高陵的这座桥上进入长安城的，这事被随第十八次遣唐使入唐的一个叫圆仁的遣唐僧，在其《入唐求法巡礼行记》一书中有过记载。而后岁月里，桥已不存，这书却保存完好在岛国。

唐时的长安，浩浩东去的渭河上一共有三座桥，这高陵的桥便是东桥，称东渭桥。还有中渭和西渭两座桥，共同便利着长安的交通。唐朝统治的重心主要是在东面，想来这东渭桥应该是三座桥中最宏伟最坚固的一座。该《东渭桥记》中记载当时建桥时“瑰材所聚，隐若山丘”。桥“抗星柱，延虹梁，耸入长云，横界极浦”。《东渭桥记》一文的作者名达奚珣，曾任中书舍人、礼部侍郎等职，历史上并无文名。但读他的文字，总使我联想起范仲淹的《岳阳楼记》，“衔远山，吞长江，浩浩汤汤，横无际涯”“北通巫峡，南极潇湘”等名句。古人们怎么都有这么美到极致的句子涌至笔端，古代汉语的涵容及色彩，也让我感到非任何语言可比。当然还有才气，像日本的圆仁和尚笔下的“南行三十五里，到高陵渭桥。水阔一里许，桥阔亦尔”的记述描写就顿显乏味了。

东渭桥当然也应该是一座最重要的桥，水上要冲黄河渡口蒲津关通向长安的大道就直通此桥。唐的多次乱事，都与这座桥有关。最著名的应该是黄巢起义军就曾夺取此桥，从而攻占长安，又派大将朱温屯兵于此。后来唐朝军队击败守军，也是通过该桥收复长安的。真可谓是长安城的咽喉要道。

昔日的这座桥，今还有遗迹。20世纪70年代末80年代初，有关方面根据《东渭桥记》中的线索进行了勘察和发掘，出土了大青石、木桩等大批文物。而这些开掘并不是在今天的渭河激流中进行的，古东渭桥遗址坐落在今渭河南两公里余的地方。也就是说，渭河的河身千年来也是有些不老实。

古时候开山修路，遇水架桥这些利国利民的大动作都是

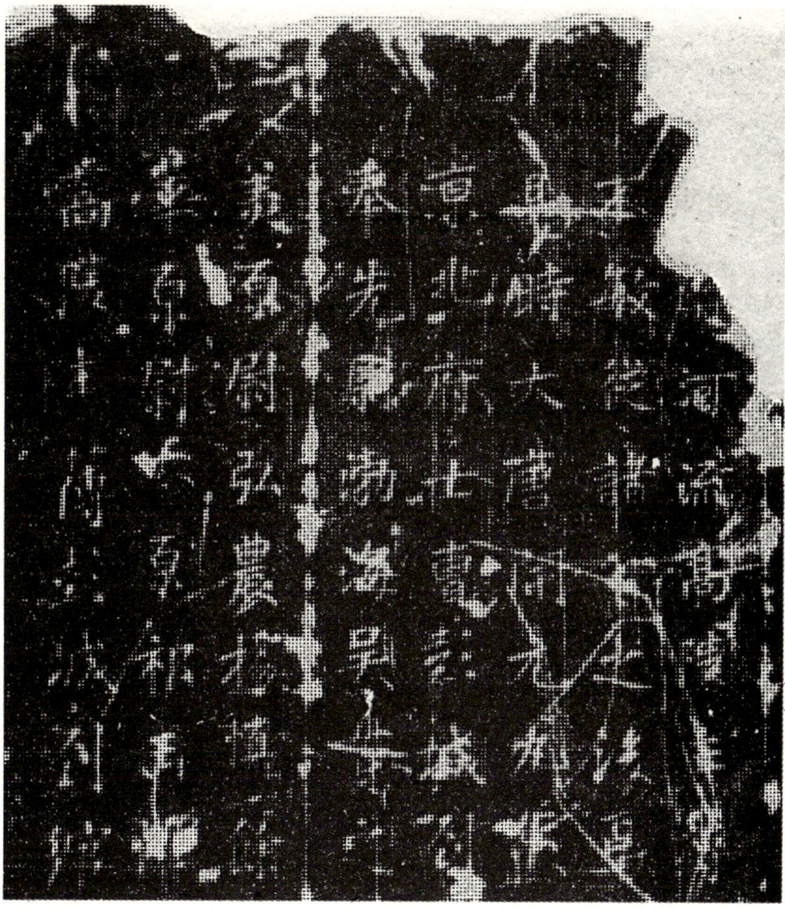

◎唐 《东渭桥记》局部

要“作文以记之”的。我们熟悉的《大开通》《石门颂》等，就是此类记文，多为摩崖或碑碣。这东渭桥不靠大山，只有立碑，而且这碑还是六棱柱形的，在桥柱类碑石中较为少见。该记石现高67厘米，棱面宽16厘米，每面均刻字。字有核桃大小，计400余。这座记石的书写深受褚书的影响，温婉劲健，清正雅致，为纯以韵胜的佳作。唐代楷法是由初唐和盛唐的那几个人物奠定的，中晚唐的书家大都是在他们中间讨生活。这其中包括像柳公权这样的大家，更不用说像《东渭桥记》这样的无名写手了。

其实，这样的书写也是可以好好宣传一下的，让它发挥一些示范的作用。还有像他们所藏的《冯师训碑》之类，都可以从中做些文章。有些事情很不好说，听人讲，保管者想找一个好拓工为单位拓一份资料都难。高陵的碑子不少，现在却是一片被伐倒的林子。许许多多的碑子都横七竖八地躺在城中心那所大院里，风刮雨淋太阳晒。我说，管事的也应该让它们醒来洗洗脸，精神精神了。让人仔细看看它们的面容，跟它们来个会心的交流，多好。花不了多少钱嘛，近年来县上都在卖地，一卖就是多少万，竖起几通碑子，保护一下，也是挺好的一件事情啊。碑子都竖起来，利利朗朗，让人看着心里也不堵了。整日没鼻子没眼地趴在泥里土里，尽管有你们的一对唐代卧狮在大院门口呲牙瞪眼地守着，没有意义嘛，小心哪天晚上对狮也被人用吊车吊跑了。

在自己享受了一番书写的同时，也给了他人一番享受

我最喜欢的一块高陵墓志，并不是官家所藏，而是由高陵的一位古钱币收藏家存放的。这便是《大唐故韦夫人墓志铭》，还有该墓志的盖。那天，已是傍晚时分，我们来到了这位收藏家的厅堂。他古钱币收藏的成就我知道，前些年他还在西安城里开过古钱币博物馆。我们顺道来，是要观看他收藏的一方墓志的。稍事寒暄，随他进了西厢房，就在门的右侧墙根，我见到了立在那里的这方志石。60厘米见方，不足10厘米厚，较之形体健硕的墓志，更显出它的玲珑可爱楚楚动人。

墓主韦夫人为京兆高陵人氏，终后归葬于高陵旧茔。虽

是一个小官吏眷属的志石，但序及铭文颇有文采。其书为带有浓重魏碑意味的楷写，所谓具魏书意味是指其点画的表现，而体式还是唐楷的方正。但许多字的重心都处理得靠下，撇捺的左舒右展更使得该墓志的书写有了萧散的风姿。我倾心于墓志开篇，自由进入，多有起伏，字的姿态顿生。像“征事郎行华州华阴县尉”一小节，非常动人。渐渐地反倒有了束缚，放不开了。也可以说，是太稳定了，使得后面的书写有了规整，不及开篇有感染力。我还藏有几通高陵近年出土的唐墓志拓片，也是民间私藏，是一位开厂子的朋友送给我的。他建厂房挖地基挖到了唐墓，墓志也就由他悄悄保管了。其实，一块普通的唐墓志也不大值钱，前些年在关中这一带也就千元左右，近年价钱可能有些看涨。宋以后的一般墓志也就更提不上了。这位开厂子的朋友送我的几张墓志拓片，书写无甚特点，就是普通的唐楷。功夫很深，其书写怎么看都有些简单，缺少艺术魅力。

高陵官家所藏的墓志有三十来方，其中有一方《杨秀墓志铭》颇有特点。该墓志近五十厘米见方，唐大历九年(公元774年)立石。其书法为行书，一路“二王”，洒脱雅逸。行书入墓志是从唐代开始的，但所发现的墓志中也并不多见，因此，此志石值得重视。一方普通的墓志，其书者也为名不见经传，但能一手正经的“二王”，足可看出晋人书法在唐代的影响。另外，还有一方《独孤祎之夫人张氏墓志铭》的唐墓志，书法也中规中矩，颇可观。

高陵的碑石中有两方买地券，此类杂碑可归为墓志类，

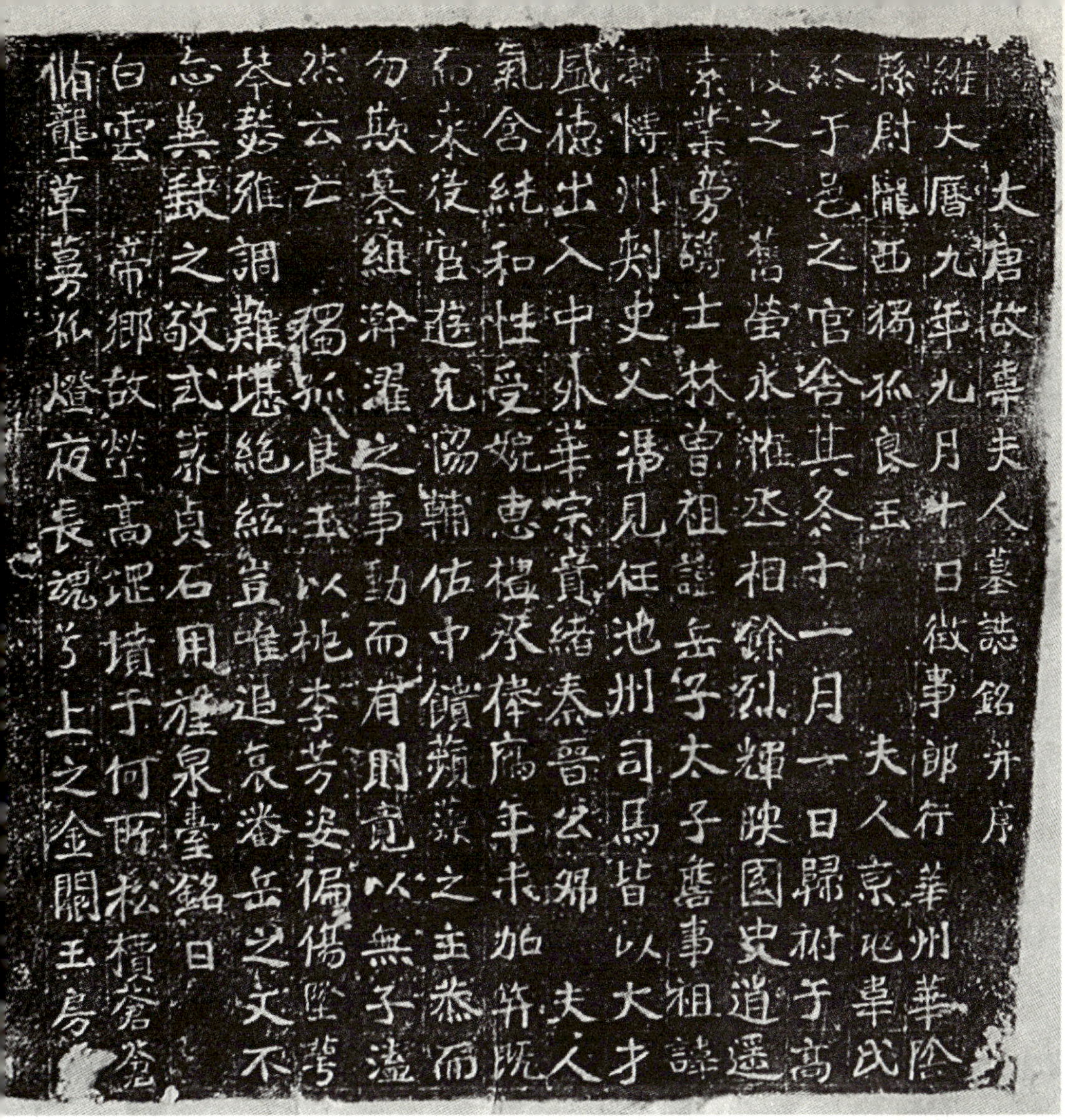
大唐故韋夫人墓誌銘并序
維大曆九年九月十日徵事郎行華州華陰
縣尉隴西獨孤良玉夫人京兆韋氏
終于邑之官舍其冬十一月一日歸祔于高
陵之舊塋永淮丞相餘烈輝映國史道遥
素業勞璘士林曾祖諱岳字太子詹事祖諱
寧博州刺史父湯見任池州司馬皆以大才
盛德出入中外華宗貴緒泰晉公孫夫人
氣含純和性受婉惠擢承偉腐年未加笄既
而來從宦遊克協輔佐中饋蘋蘩之主恭而
勿欺綦組辯濯之事勤而有則竟以無子溢
然云云獨孤良玉以桃李芳姿偏偶坠芳
琴瑟雅調離堪絕絃豈唯追哀潘岳之文不
忘莫鼓之敬式篆貞石用旌泉臺銘曰
白雲帝鄉故塋高埋積于何所松檟蒼蒼
脩壟草蔓孤燈夜長魂兮上之金關玉房

◎唐 《韦夫人墓志》

因它兼有墓志的作用。这两方明清刻石的价值不在其书法上，而在于其文辞格式上能帮助我们澄清一个很容易淆乱的问题，即碑刻行文的左行右行。古之书写，大都由右向左，谓之右行。反之谓左行，古代文献的运用均如此。今人在这一点上的理解恰恰相反，以致权威的词典在解释这两个词语的时候都出现倒置的情况。高陵的这两通杂碑的行文格式就是从左到右的左行，这种左行的书写在一般刻

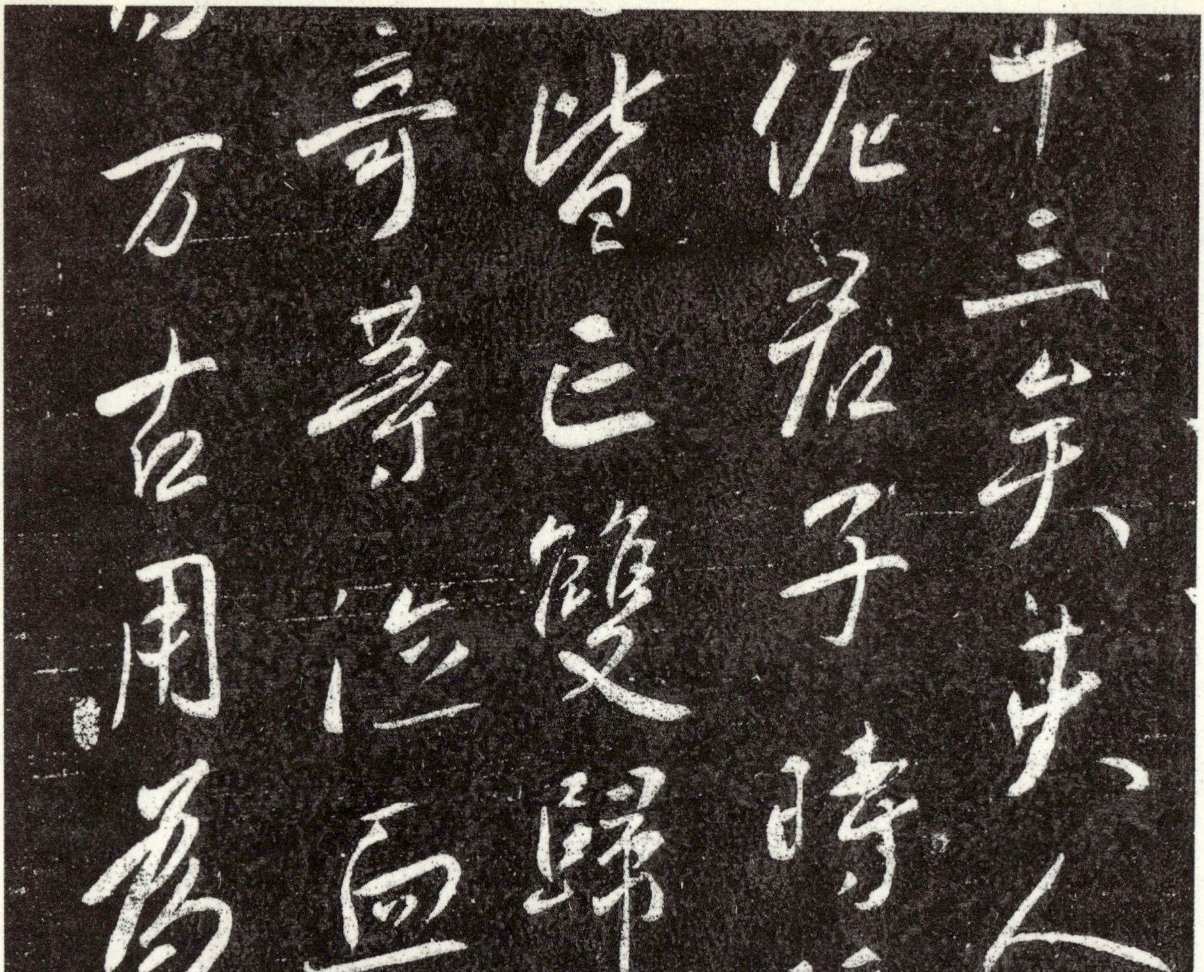

◎唐 《杨秀墓志铭》局部

石中并不常见。

高陵碑石中，有三方于右任先生的手书，均为民国旧刻，应该是最有价值，最值得尊贵的。高陵临近三原，追随于先生者甚多，近年常有于氏墨迹现世。而观这三通刻石，均为于先生六十岁以后书。“耕读传家”四字为于氏标准草书，雄健秀美。“新园”二字，洒脱圆融，一派天成。我在单位同事处见过此碑的一张旧拓，纸质绵软，古朴可人，绝非新拓可比。我不忘记它，拿了很好的一张唐碑拓片去交换，同事不允，所撰理由极为妥帖，无奈。不知再有机会否。

《耿氏始迁祖宗之茔碑》的书法真的是写到家了，至真大美也。有一次我这样感叹，这个于老头简直不让人活了，要把人的路都给堵死。我喜欢过很多书作，一开始也是激动不已，但过了一阵子，总能寻出让我生疑的地方。但这个书写，到写这篇文字的时候，我还处在叹服中不能自拔。这种亢奋的欣赏状态，过去在面对林散之草书时也有过，可能这些书写在其他人看来并不觉得特别，但它们与我却产生了对接。其实，此碑的上款与下款的行草书的状态，在于氏的其它书写中寻常可见，我真正感佩的是中间的“耿氏始迁祖宗之茔”八个略带行意的楷书，写到位了。汉魏之书这么自然，于先生为我们蹚开了路子，做出了示范。不仅在体式上，还有用笔的法度上，都应该对我们有新鲜的启示。线条的圆润浑厚，神融意朗，让我们早忘记了碑的僵硬，真是法韵两胜的佳构。说到底，于右任先生不仅是给中国古典书法画句号的人物；同时，也是中国书法艺术的集大成者，他的书艺是对前人的超越。是碑帖可以兼容的时代造就的一位真正具有全面意义的大家。

面对于氏“耿氏始迁祖宗之茔”一行字的书写，想那于翁，在一个天朗气清的日子里，把拂美髯，轻拈长管，纯以中锋，轻重疾徐，不温不火，在自己享受了一番书写的同时，也给了他人一番享受。

◎于右任《耿氏始迁祖宗之茔碑》

我要寻访的碑子就在这山脚下面

“朱门酒肉臭，路有冻死骨”是杜甫脍炙人口的句子，诗者选取显豁的意象进行强烈对比，从而使文字产生了震撼人心的力量。无疑，这样的句子是有分量的，而此诗结尾的段落往往不为寻常读者熟稔，却为识者称道，因为它表现出了诗圣的境界。“入门闻号眺，幼子饿已卒。吾宁舍一哀，里巷亦呜咽。所愧为人父，无食致夭折。岂知秋禾登，贫窭有仓卒？生常免租税，名不隶征伐。抚迹犹酸辛，平人固骚屑。默思失业徒，因念远戍卒。忧端齐终南，澒洞不可掇。”风尘劳顿赶回家中，迎面而来的是一片哭泣饿死小儿的哀声，诗人自然悲痛欲绝并深深自责。但接下来，他想到的却是那些普天下的黎民苍生，那些“失业徒”和“远戍卒”们又该是生活得何等艰难啊！“唐朝诗人有杜甫，能知百姓苦中苦”“有子美之人，而后有子美之诗”，因而闻一多评说杜甫“是我们四千年文化中，最庄严、最瑰丽、最永久的一道光彩”。幼时读诗词只管背内容不爱记题目，尤其是沁园春、菩萨蛮之类的词牌名与诗题还有内容三者对不到一块，总挨先人的巴掌，像杜甫的这首《自京赴奉先县咏怀五百字》这样长又拗口的题目绝对是巴掌点。奉先与奉节、奉先寺等字眼相缠绕，谁知道奉先这个地方在哪里？杜诗人怎么把家室安在那里？

其实，奉先就是今天自西安东北去百余公里的蒲城县。当年的杜甫怀着“致君尧舜上”的热情和梦想，在长安城里奔忙。几年下来，跻身仕宦的希望几近破灭，文人的快意和清狂也似乎荡然无存，这年的天灾大饥使得妻子儿女在长安待不下去了，杜甫想到了和自己沾亲带故的奉先县令。于是，将家人安

◎《云麾将军李思训碑》碑亭上覆的瓦有些脱落

顿到了奉先县城的边上。天寒地冻的时节，回乡探亲的诗人涉过冰封的渭河，历经一个个死寂的村庄，一幕幕活不下去的景象撞击了他的心，为他的诗情作了结实的铺垫，待进了家门，哭声涌来，诗句遂喷涌而出。

却是一个炎炎的夏日，我也出西安东北行，高速路上的车子轻快而惬意，村庄里的人们被蓊郁遮掩着，田野里的大秋早玉米已齐腰高了，我一遍遍感叹着关中这块肥沃的土地真是养人啊。我当然看见了远处绵延着的浅山，光秃秃的不长草木，这一脉北山是从西面的乾县、礼泉、泾阳、三原、富平横亘过来的，而乾县、礼泉一带的山上则是一片葱绿。我之所以注意这山，是因为我要去寻访的碑子就在这山脚下面。

蒲城在秦时即已置县，西魏时开始名蒲城县。唐开元四年（公元716年），那个有本事的儿子把一个不大有本事的爹埋在了这里，随即将蒲城更名为奉先，意为奉祀先人。谁有这么大的能耐？当然是当朝皇上李隆基了。不过他老李家管得了一时管不了永远，到了赵宋，太祖开宝四年（公元971年），这奉先县又复称蒲城县了，蒲城县这名字多好！

陕西渭北为因山的唐十八陵，自西的乾陵到蒲城的泰陵一字儿排开，散落在这一脉错落起伏的北山。蒲城县境共有四座唐陵，这便是葬埋着睿宗李旦的桥陵，长眠着玄宗李隆基的泰陵，收留了宪宗李纯的景陵，接纳了穆宗李恒的光陵。其实，当地百姓谓蒲城唐陵为五陵，这第五陵指的是唐惠陵，唐惠陵也称“兄让冢”，为唐陵规格最高的陪葬墓。陵主李宪，系睿宗李旦长子，因厌恶了宫廷的阴谋与血腥，让太子位于平定韦后之乱的三弟李隆基。这无疑感动了得大便宜的唐玄宗，开元二十九年（公元741年），李宪卒后，玄宗将其陪葬桥陵，号墓为惠陵。历史上不愿意当皇帝的不止李宪一人，史书上还列有专章记述这些让皇帝们的崇高境界。但唐十八陵并不包括这李宪的惠陵。

《唐故右武卫大将军李府君碑》的碑主李思训也是很荣幸地陪葬睿宗李旦的。新翻的土地因一场雨而致表面结了一层硬硬的壳，这显然是农人为来年的小麦而歇地力的。当我和友人踏着这薄薄的土壳去寻访《云麾将军李思训碑》的时候，田头农人的眼神平和而沉静，他们也可能见惯了来踏勘的人们。在一个远离村庄的地方，在一片平坦的野地里，这块覆以碑楼的唐名碑兀自立着，身后也并不见有唐朝宗室、又是大画家的李思训的墓冢存在。混杂在村庄土地与庄稼的语境里，几乎已让人们感受不到这块名碑通身散发出的文化光芒，而真正在我们的心里，在中国文化纯净透明的天空下，它熠熠生辉，光彩夺目。破旧的栅栏早已难挡慕名而来的人们，我伫立碑前，轻轻抚摸着上部几至光滑的碑面，端详着锋棱尽失的字迹，想象着千余年的风霜雨雪酷暑寒冬。从碑楼墙壁上的新新墨痕看，至今还在被人们捶拓着。

桥陵里安息着一个稍显懦弱的皇帝，而陵前却雄壮地立定博大豪迈浪漫清新的石刻，这艺术上的登峰造极之作，完全得益于玄宗皇帝将大唐推进到了封建社会的一个极盛时期——盛唐。而《云麾将军李思训碑》的书写者李邕，正是这个时期在书法艺术领域的弄潮儿和改革者，他以自己的不俗才情和踏踏实实的艺术实践，一反常态，笔力一新，改造

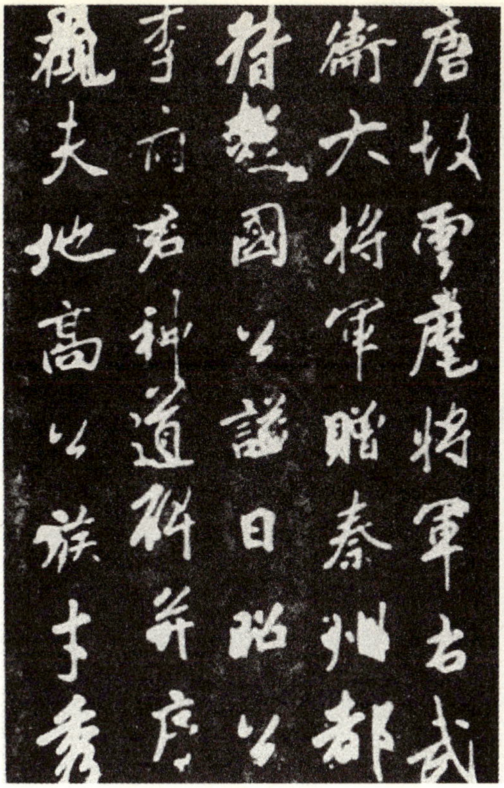

◎唐 李邕《云麾将军李思训碑》局部

了初唐以来妍美柔媚的羲之书法映照的书风，写出了充满励精图治奋发向上的时代精神，写出了人们期望的雄健有力豁达畅快的艺术审美趣味。其代表作《云麾将军李思训碑》完全可以说是盛唐书法艺术浪漫主义的开篇之作。李邕从王羲之来，又站在了王的对立面，从而获得了艺术上的成功。“右军如龙，北海如象”，明代大家董其昌能将他的书法风格和王羲之作比较，前提是肯定了他在书法艺术上的地位。

《云麾将军李思训碑》是李邕四十三岁时的书写。此时李邕正值盛年，情绪饱满，艺术上趋于成熟。政治生涯也历经了峰巅谷底，已有了些阅历。所以笔下节奏明快，激越跌宕，点画秀劲纵逸，一派潇洒的风神之中骨力尽见。较之王羲之的折钗股的侧锋，他已远离，而对其收左放右取势扁方的结体，更是给予了破坏。所以，我们在阅读唐之书法的时候，一到李邕就感到生，甚至会觉得他和唐的书法格格不入，这不仅在于他增加了中锋的用笔，更在于他对体势的变化。他在李思训碑中，适度左大右小，还敢头重脚轻，又伸撇缩捺，这几个元素的改变，肯定会让我们看惯了右军书的眼睛惊诧而新奇。还有他的竖，多是中部出弧，向外呈张力，这样处理动感极强，米芾的竖法吸收了这一特点，同样显示出了其行书的特色。“唐代何人韶晋风，括州象比右军龙。云麾墓道残碑在，万本临摹意未慵。”革新需要胆识和才力，还要准备着被人误解，对于李邕的破却旧习鼎力求变，所谓正统的张怀瓘们一时还不能接受，但历史迟早会给李邕们以承认的。

脚下是深厚的土地，头顶是灼人的骄阳，友人在给我讲述着碑前的巷刘村和碑子曾经发生过的故事。我不认为巷刘村的人们会为庄稼收成凿损这通名碑，反倒固执地觉得他们的祖祖辈辈为保护这通碑子付出了许多，心里对他们涌起了丝丝的敬意和感激之情。

杜工部的另一首诗其实和这里也有着关联，那便是《江南逢李龟年》：“岐王宅里寻常见，崔九堂前几度闻。正是江南好风景，落花时节又逢君。”友人指着稍北面的一个墓冢说：“你知道那是谁的墓吗？唐玄宗的弟弟岐王李范的。”啊，我真有一种历史的天空下之感！

两百余块历代碑石就伫立在明伦堂内

五座唐帝陵，数十座的陪葬墓及历代名人墓，十五处省级以上文物保护单位，蒲城无疑会有着丰富的历史文化遗存。人杰地灵渊源有自的“将相故里”，一定会有一座供奉着至圣先师的文庙。当我们站在色彩华贵六龙祥瑞的照壁前，这座始建于唐贞观年间的文庙品相之完好，让我们十分赞叹。这当然是历代上有过修缮的，如今这里辟为了博物馆，陈列着丰富的文物珍品，我所惦念的两百余块历代碑石就伫立在明伦堂内，镶嵌在西厢廊房的墙壁上。沿着廊房的碑石一路寻去，那通闪亮的《苏孝慈墓志》宛若处子，静默中透着生气。

◎《苏孝慈墓志》嵌得多稳当

《苏孝慈墓志》真的是应该成为隋代的代表性书写，我们提及隋代书法，总言不离《龙藏寺碑》。其实，《苏孝慈墓志》字法的精严精整，线条的骨肉停匀，韵致的神清气爽都要胜过它。在大量隋代墓志的书写中，它也是绝对出挑的，显然它已经从结体上摆脱了北碑的牢笼，以方正示人，但又撷取北碑的刻厉险劲，让字硬气朗朗。阅读《苏孝慈墓志》，我总想起初唐的书写，想起了那位开启唐楷之法的欧阳询。欧字北体南韵，加之适度的隶法卓然成为大家。而看早于他的隋代《苏孝慈墓志》，这些元素已和谐地存在其中了。当然，隋的时候，并不年轻的欧阳氏也早在书写，但其独特的面目出现，却是在入唐之后。至少，我们还没有看到隋时的欧阳询留下的书迹。

这通上乘的墓志出土于蒲城，至今又完好地藏于此地，让心仪已久的我十分欣喜。68厘米见方的墓志，碑面干净，1296个楷字工工整整地镌刻于其上，甚是可爱。这么众多的字，真是一本好的帖子。志主苏孝慈，隋文帝开皇年间曾任工、兵、民、刑等部尚书，并授大将军，卒于仁寿三年（公元603年）。墓志中重点叙述了其任兵部尚书时，隋文帝杨坚欲废太子勇，遂将倾向于杨勇的苏孝慈出为淅州刺史之事。友人为蒲籍，对我言说，史上讲苏孝慈扶风人不对啊，墓志上写得明白，苏归葬蒲城，说明他已占籍于此，扶风乃其祖籍也。有墓志文字在，我只能表示赞同。

公元1888年，清光绪十四年的某一日，陕西蒲城知县张荣升深入基层调查研究，落实中央“三农”政策，正当椽头蒸馍、油泼辣子摆上餐桌之时，手下禀报县城西南乡崇得里（今苏坊镇北姚村）出土一方隋代墓志。张知县放下手中的筷子，前去查看，吩咐赶紧移送城内，放置县署，这便是清末著名的墓志精品《苏孝慈墓志》。一百多年的抑帖向碑，此时的书坛敢有如此惊人的书写出现，定是一件了不得的大事。迅即，拓者蜂拥而至，此墓志遂海内风行，当时一张拓片在上海可售白银一两。时至今日，《苏孝慈墓志》仍为各出版社所青睐，各种版本不断印行，习书者鲜有不涉及该墓志的。好的刻石老百姓喜欢，知县大人也喜欢。当初张知县满身尘土回到县衙，看着这让人两眼放光的书写，满心欢喜，情不自禁写下了一段跋文，命人刻在了志石原文第31行空格处："光绪戊子夏月，公出西南乡，风闻有人获隋臣苏孝慈墓碑，被苏姓阻夺，往验之，诘苏姓世系，家乘无考。见字法精严遒健，纯得魏齐神髓，惜无书丹姓名。爰饬畀碑署中，俟考博古君子。知蒲城县事张荣升志。"第二年，这张知县离任，姓彭名询之人继任，彭知县喜欢该墓志的方法是，将前任在原石上的跋文铲去，另制一石，刻上自己撰写的跋。此跋文较长，其中有对该墓志书写的审美文字相当准确，譬如称此志"书法遒劲挺拔，与《贺若谊碑》相类"。这些领导者书法的涵养都相当了得，只是把持不住自己，历任县府领导都这么爱表现，那还了得？只这两位仁兄就使得该墓志出现了三种不同的拓片：一是初出土时未刻跋文者；二是行间夹刻了张知县跋文者；三是铲去跋文而留有明显刀痕者。当然，印行的字帖看不出有关跋的痕迹来，那大多是剪裱修整过的，若是整张的原色印刷就很清楚。

"从龙文武几人在，丹心事主唯高公"。大宦官高力士与其主子唐明皇最后的人生际遇，以及他们死后的故事又让人唏嘘不已。我站在蒲城碑林主展室正中位置高力士的墓碑前，所生发的感慨早已突破了对此碑文书写水平的关注。蒲城唐五陵，陪葬者众，在其碑林当然能看到唐碑，且感到太少。这些墓碑散佚者多，还有少数今仍立墓前，在该碑林所藏的十数通唐陪葬墓的墓碑中，高力士名头也甚大。玄宗即位，勤政爱民，锐意图强，乃有开元盛世。但当花甲的唐皇上将28岁的杨美人揽在了怀中，便春宵苦短不早朝了。且重

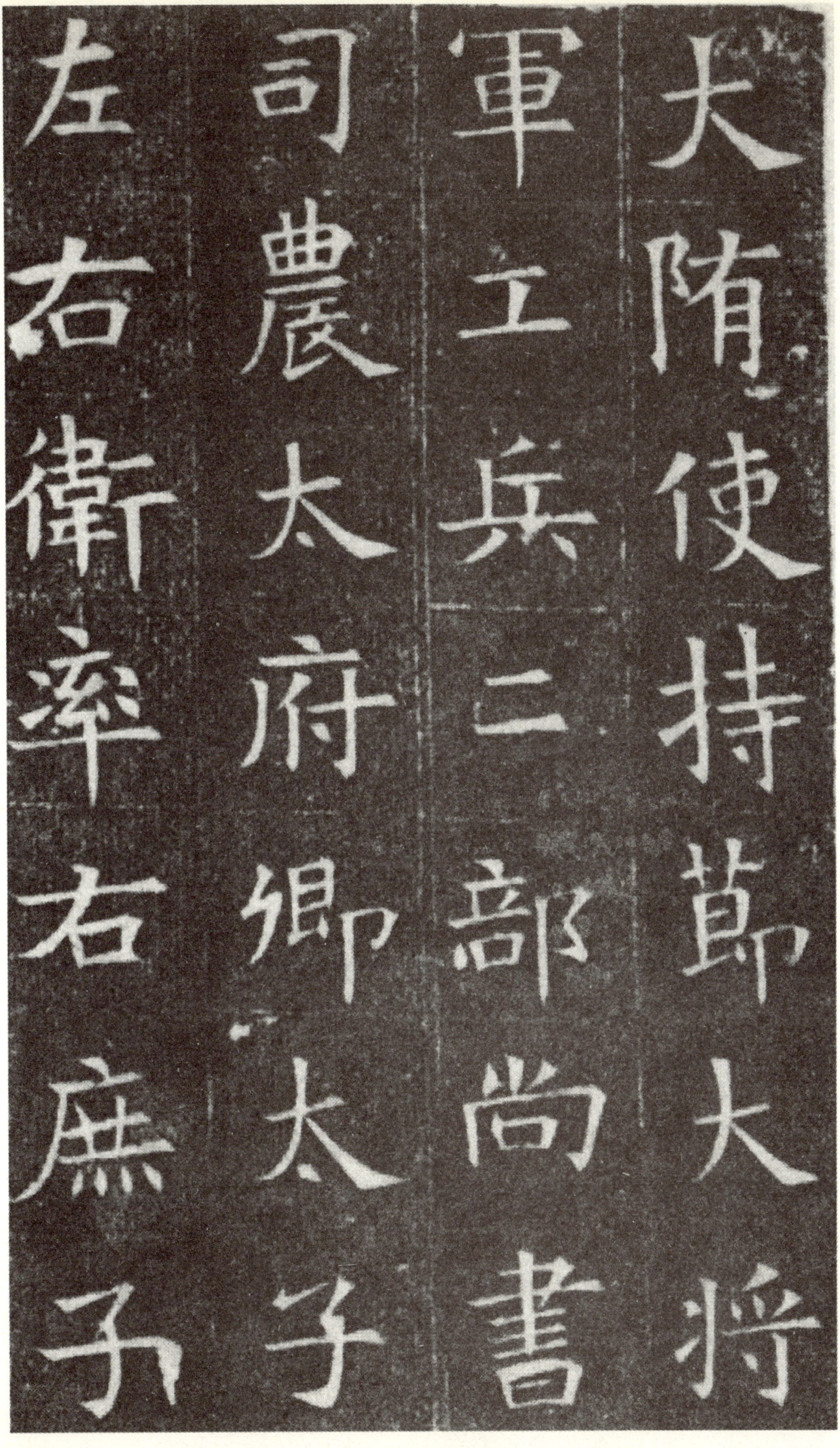

◎隋《苏孝慈墓志》局部

◎唐 《高力士碑》

用奸人李林甫、安禄山等。对此，高力士有过忠告：“天下大柄，不可与人”，“北兵（安禄山部）强悍难驯，臣恐祸成不可禁也。”国势不幸为高力士所言中，在马嵬坡的白绫前，仍是高力士独进言：“贵妃固然无罪，然将士已杀其兄，妃在君侧将士岂能自安？而今将士安则陛下安，陛下安则天下安。”此话真知灼见，此时谁又敢言？李亨灵武即位，郭子仪收复长安，昔日的唐明皇，今虽有太上皇之名，却无职无权，还要受到皇后等人的挟制迫害。当五百禁军利刃当道，玄宗惊落马下之时，还是高力士厉声呵斥头领：“上皇四十年太平天子，尔欲作弑君贼乎？”势利小人早都投靠新主邀功取宠去了，只有此君不离不弃，伴其左右，在当时的历史条件下，高力士做到了一个古代忠臣所能做到的一切。这当然也感动了领略过盛衰荣辱人情冷暖的玄宗，因此在他弥留之即留下遗言，只令力士一人陪葬。因力保太上皇而遭流放的高力士，遇赦后看到玄宗遗诏，失声痛哭，绝食而死。唐玄宗为开元盛世的一代名君，在位44年，活了78岁，后妃者众，将相者云，并有59个子女，独有高力士陪葬，便不难理解了。生为君臣死为邻，早已突破了君臣关系，而成为人生知己之选择。

高力士墓碑高4米，宽1.5米，碑文1600余字，碑额为唐大书家李阳冰所篆：“大唐故开府仪同三司赠扬州大都督高公神道碑”，正文为翰林待诏张少悌书，潘炎撰文。张少悌

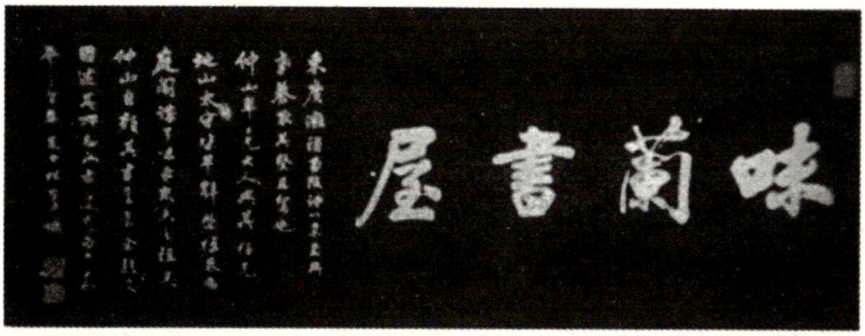

◎林则徐题写的匾额

书名不显，字也匠气。此碑下部早年散佚，因此《金石萃编》中只收高力士神道碑的上半截残文。1971年，在陪葬墓附近村落发现该碑下部，当时该残石为一农户垫作牛槽之用，遂移至该碑林黏合为一，人们才得以重睹其全貌。

在该碑林的另一陈列室，我还有幸见到了民族英雄林则徐书写的几个牌匾，相当珍贵。颜色褪，漆剥落，但字依旧雄浑坚强，硬气铮铮。这是林公来蒲城为他的老师，军机大臣王鼎守“心丧”期间的书迹。“千里捎书为一墙，让他三尺又何妨？万里长城今犹在，不见当年秦始皇”。有了这首诗，遂有了今日蒲城的“仁义巷”，王鼎胞弟依兄长之嘱让出界墙，受到感动的邻家也跟随之。此则佳话衬托出的是鼎公的高风亮节，在今日陕地多有影响，其实还应该知道鼎公还是朝中铮臣。“虎门销烟”的林则徐能让中国人民出一口气，就是由王鼎举荐的。以至为反对签订卖国条约，鼎公在朝上咬住道光帝的龙袍，又以死相谏，留下遗嘱，“条约不可轻许……林（则徐）不可弃也”。有了这样的老师，怎能没有林则徐这样的学生？

好像我不仅仅是只对我们民族的文化复兴有期待

“落霞与孤鹜齐飞，秋水共长天一色”。初唐文学名篇《滕王阁序》每每被人所称道。其实，王勃还作有一篇《九成宫颂》，那文字的美妙绮丽完全可与之相媲美，但却鲜为人知；在亚平宁半岛西南，风光旖旎的那不勒斯湾，庞贝古城终日迎接着来自世界各地的人们。在世界的东方，在古长安北的“万迭青山但一川”之中，另一座更辉煌的隋唐建筑群落却掩埋在两米余的一层黄土之下，这便是号称离宫之冠的隋之仁寿，唐之九成宫也。绿树层叠，随风俯仰，抚今追昔，万端感慨。千余年来，幸有欧阳询《九成宫醴泉铭碑》，名碑若夏夜之耀眼星辰，熠熠闪光，不时地向人们提醒着这凝结了我们民族的智慧和精神之所在。

身处汉唐故地的我，也是随着对《九成宫醴泉铭碑》的追寻，才逐渐认识这座因神鸟白麟现身而名麟游的小城，才慢慢知晓那深埋地下的千年之谜的。这显然又加深了我对《九成宫醴泉铭碑》的理解，甚而从更深厚的意义上增添了我对欧阳氏此碑书写的把握。

麟游与皇家结缘，是因了三伏天平均21.8摄氏度的气温，更是因了一张图。长安的高温不光是今天城圈中的人们感觉日子难过，一千四百多年前的隋文帝杨坚也同样难耐。为避酷暑，他诏令天下，绘山川图以献，广造离宫。一位仁兄描摹麟游的图以及配以解说的文字吸引了他的眼球。于是，他命杨素为总监，宇文恺为将作大匠，督调几万人投入这项浩大的工程。两年后，一座周长一千八百步的城垣筑成，冠山抗殿，绝壑为池，分岩竦阙，跨水架楹。外城也逶迤婉转，铺排在山水之间。“尧舜行德，而民长寿”，杨坚命之曰“仁寿宫”。隋结束了近三百年的纷乱，实现了统一，启开了唐宋，杨氏应该是民族史上的大英雄。但一提起杨隋爷儿几个，总受到批评，穷奢极欲，耗费民力，等等。这也不假，像建造这恢宏的仁寿宫，何止是民力，又该有多少工匠的人命啊！而且这杨皇上离宫一建就是十二所，有气魄，把中华民族的才情和文化集中显露了一下。号为离宫之冠，应该是最漂亮、最舒服的一所，也因此为杨皇上所偏爱，先后七次在此避暑。当然，一不小心被又想要色又想要权的太子广把自己的老命也搁在了这里。忌惮于此，后来的

◎《九成宫醴泉铭碑》依旧英气勃勃

唐太宗安排他爹来此消夏，老汉闷着声咋都不来，这让李世民纳闷儿了好一阵子。

说来这老杨家也真亏啊，当上了皇上还马上刀下地忙活着灭后梁、灭南陈，拼来的江山总共坐了还不足四十年，就连这费劲巴力建成的离宫也几乎是好端端地留给了李唐。李唐在隋末的民变蜂起中得利，还在其迅即的败亡中受益。走过了“玄武门”之后，李家的摊子算是渐渐稳当了。人一闲下来，毛病就来了。李世民自幼随父征战，剑指六合，驰骋沙场，劬劳为国，积劳成疾，是不是该建一些离宫了？有人提出建议。声音传到了唐太宗的耳朵里，李某人“爱一夫之力，惜十家之产，深闭固据，未肯俯从”。他不是虚伪，也未必真心实意要建立廉洁低成本的政府，他肯定想到了短命的隋朝。但他还是愿意换换地方新鲜新鲜的。于是，他想到“随（隋）氏旧宫，营于曩代，弃之则可惜，毁之则重劳”。

不如就“斫雕为朴，损之又损，去其泰甚，葺起颓坏”，维修一下吧。本来“珠璧交映，金碧相晖，照灼云霞，蔽亏日月”，建成就没几年的宫殿，整理一下当然可以，不过就太宗的吩咐来看，还是低调了许多。站在“仰视则迢递百寻，下临则峥嵘千仞”的台阁之上，唐太宗能不发出这样的感叹：“观其移山回涧，穷泰极奢，以人纵欲，良足深忧。”

所有这些辞藻和话语我们都如此熟悉，这不都是一个个我们曾整日面对，英气勃勃的欧体字吗？是的，这里引用的句子就是出自欧阳询所书，魏征撰文的《九成宫醴泉铭》。

车行麟游，单程要三个半小时，疲惫的我们一再感叹，这皇上要出长安城北来需多少时间啊！而且一来就要数万人，整个办事机构全要搬来，那可真是大动静了。过去临写九成宫字帖，对魏丞相文不求甚解，隐约感到是宫中缺乏饮用水，因是皇上发现了水源，便大书特书一番。这里的水其实是很丰沛的，一条不大不小的河就穿城而过，“昔之池沼咸引谷涧”，大概是净化设备没有今天先进罢了。反正是圣上心怀不忘，一处泉水也等待着他去发现，别人不会有这个缘分。这天，皇帝在九成宫正殿前，遍观楼台宫宇，闲步西城的阴面，若有所思地停留在高阁下面，看见那里的土壤稍微有些湿润，就用手杖去疏通，随即有泉水涌出，清澈若镜子，味甜若美酒。其实就这么简单，但醴泉出现在宫中是祥瑞之事，魏夫子文中记述得非常清楚，历朝历代只有圣明天子出现，神水才能扶植。典籍中的记载今在皇帝身上应验，实在是上天显灵，天子的美德，连魏大人都感到脑子有些犯

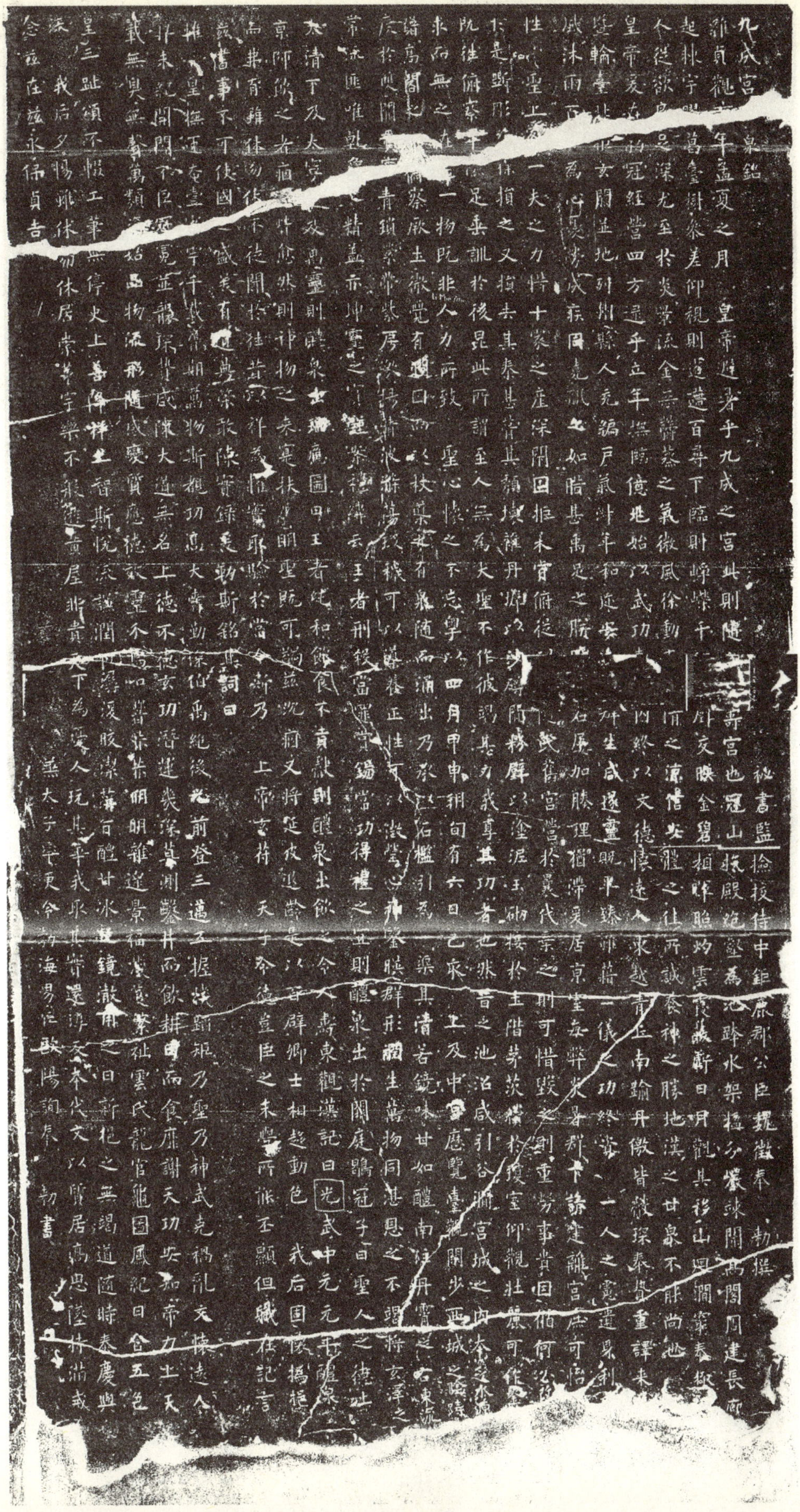

◎唐 欧阳询《九成宫醴泉铭碑》

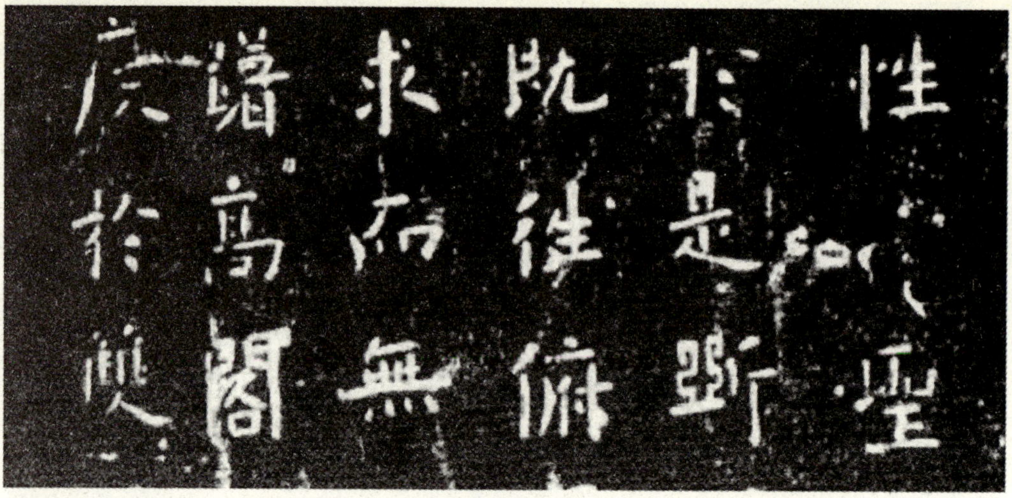

晕。细读此文，相信今天的每一个读者也会对这神奇将信将疑。但忠实的魏丞相还是奉敕勒石作铭以记之。

当然，是要由初唐第一高手欧阳询来书丹。于是，人世间便有了这“钻石恒久远，一颗永流传”的《九成宫醴泉铭碑》。欧阳询为开启唐楷的第一人，欧字为楷之至法，而《九成宫醴泉铭碑》则在其传世的数通碑子中，法度精严，骨肉停匀，有南之韵致北之风神，为欧体字的代表性作品。千百年来，它烛照中国文化的夜空，辉映士人学子的心灵，对汉字书写产生了重大影响。历史上习书，“学成规矩”最为重要，“颜柳欧赵”四大家中，欧字为最，而“九成宫”帖，又是习欧的首选。“人间第一帖，天下无双铭”，萧娴老的句子也许是对此最好的概括和总结。

明清的“馆阁体”，扼杀了书法艺术的生机与活力，人们检查出始作俑者欧字也。似乎不无道理，谁让你不临写《九成宫醴泉铭碑》呢？欧阳氏的《皇甫诞》《温彦博》，包括稍丰腴一些的《化度寺》，把握不好都会写得刚狠，写得干枯。即就是写《九成宫醴泉铭碑》，也很不容易写出

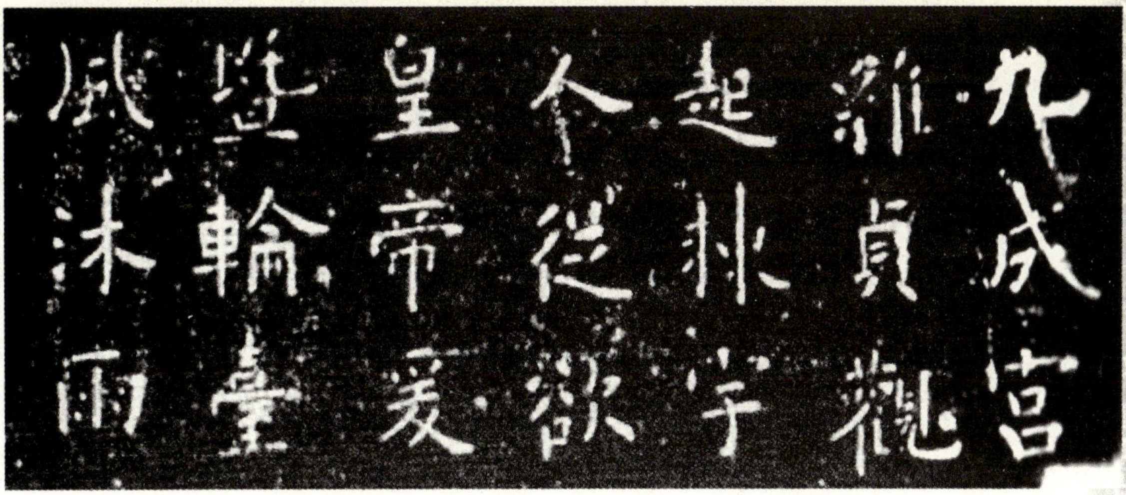

◎唐 欧阳询 《九成宫醴泉铭碑》局部

“势如削玉”来。欧书书承隋风，尽得北碑的方正峻利，故而险劲。也许是欧阳询的自省，也许因了唐太宗的偏好，遂渗入南派意趣，并适度增加温婉的隶意，果然发秀润于点画，这一点在《九成宫醴泉铭碑》的书写中体现的最为精到。欧阳氏都在不断地觉察自己调整自己，何况我们普通的追随者？写字要动脑筋。选了《九成宫醴泉铭碑》来写，也要保持警惕，一种事物到了极致，最容易走向其反面。

一千四百年了，这通碑子依旧挺立在麟游城西北的一处高台上，风雨浸蚀，兵燹破坏，它一定有满腹的辛酸故事。我在纳闷儿，唐末一场铺天盖地的洪水能隐去一座浩浩的皇城，埋没不了一通小小的碑子吗？也可能是后人们又挖掘出来的，因为今天的麟游人仍告诉我，这块碑子的下面是泉口，移动了它大水还会再来的。

虽然有坚固的碑亭覆着它，有结实的钢架玻璃罩着它，依旧还是晚了，瞭一眼它的碑面就知道它的悲痛之状。像看到许多的名碑一样，碑面都有一种肉乎乎的感觉，哪里还有字字挺拔锋棱毕现啊？宋以后几经铣剔，唐初的情绪早已不复存在了。我第一次看到了这通碑子就感觉到它很舒服、很精神。后来一位搞复制的朋友无意中谈到这通碑子，说它漂亮，碑头碑身碑座等形制比例最好。我心里豁然明白了，这正是帅哥美女的身材。

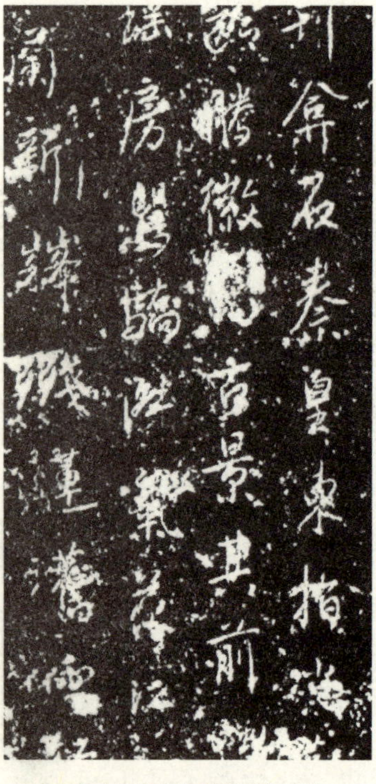

◎唐 李治 《万年宫铭碑》局部

在《九成宫醴泉铭碑》侧，其实还有一通碑子，这便是唐高宗李治撰文并书的《万年宫铭碑》。九成宫曾由李治更名为万年宫，不久又改了回来。永徽五年（公元654年），李治第一次以君临天下的身份驾幸万年宫，凉爽宜人的环境，华美壮丽的宫殿，又有为他所欢喜、新立为后的武则天陪伴，这一切都让他心境大悦。他登高峰，涉密林，越河谷，再回望层层叠叠连绵不绝的离宫，不禁文思如涌。又按捺不住笔兴，染翰挥毫，一篇

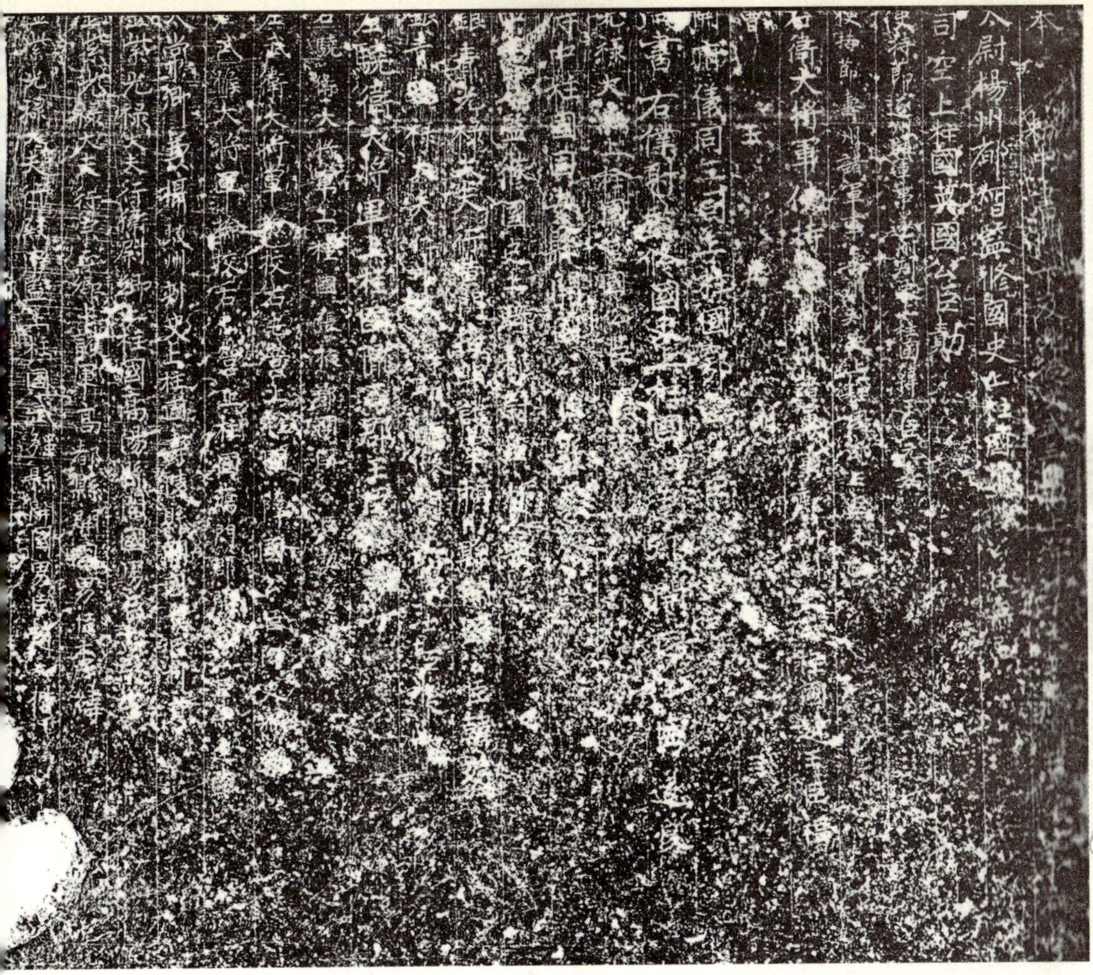

◎各位领导签名比较规矩

行草兼备，风流潇洒的书写瞬间完成。这年，青春韶华的李治27岁，自幼受太宗皇帝的熏染，右军笔法已可信手拈来。老实讲，这通碑子的发挥要强于二十年后的《李勣碑》。无拘无束，自然洒脱，应该是高宗存世的几通碑子中的最高水平。

一篇草就仍不尽兴，便唤来随驾的大臣长孙无忌、尉迟敬德、褚遂良等四十八位三品以上的官员题名其后，也便被刻到了该碑的碑阴。这太神奇、太有意思了，这俨然是高宗时期中央领导书法展嘛。我首先俯身寻找褚遂良，果然标准的褚体，我不再疑惑。尉迟敬德马上功臣，文墨不多，但依旧楷法周详。而一些少数民族大臣，如契必何力，阿史那忠等，其书写亦不草草。

这两通碑子曾是麟游地面仅有的九成宫遗存。20世纪70年代末，考古工作者已勘察描摹出深埋地下的九成宫那宏大的模样，在他们小心翼翼的铲下，几处殿、阁、廊基等已悄然面世。那口完好如初的宫廷水井砌石、壁砖那么讲究，山根下的石条镶成的排水渠气势那么宏大。站在武则天曾经泛舟的西海边，想象着脚下的一切，震撼！投入了N亿元打造的大明宫挖出什么了？嘛都没有。我满心期望对昔日的九成宫有一个保护开发的长远计划。麟游交通不便吗？庞贝故城可在地中海岸边呢，世界各地的人们还不都跨海越洋地去了。在唐朝那会儿，长安城是罗马的六倍之大，当时我们的GDP值占世界的百分之五十八，而今天的美国也才占不到百分之三十嘛。

好像我不仅仅是只对我们民族的文化复兴有期待。

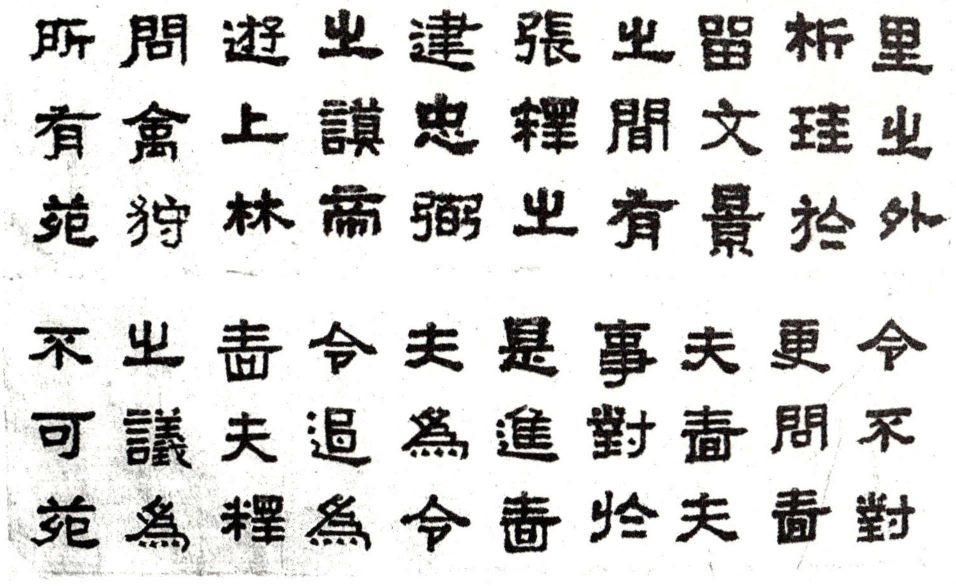
里之外
析珪於
留文景
之間有
張釋之
建忠弼
之謨帝
遊上林
問禽狩
所有苑

令不對
更問嗇
夫嗇夫
事對於
是進嗇
夫為令
令退為
嗇夫釋
之議為
不可苑

◎作者日课

后记

我心里面所想写的有关碑的系列文字就要暂时告一个段落了，在清冽清明的早晨回首，时间已经过去有六年有余，如释重负而意犹未尽。

在这些渐次过往的春夏秋冬里，我的心整日沉浸在由碑织就的境地中，潮起潮落，云卷云舒，静静吮吸着先人们创造的灿烂文明的丰富营养，愉快地在键盘上敲击出我泉水一般的所思所想，沉静而又沉实，我时常幸福得静坐案前长久无言。

源远流长的书法艺术是东方文明的精髓，无声而有音乐之和谐，无色而有图画之灿烂，点画结字中无不凝聚着前人精骛八极的才思，而碑刻是古代书法传承的主要形式。长安乃汉唐故都，中国社会前期的中心，陕西这块土地上有关碑子的丰富遗存，实际上也是我们整个民族的珍藏，它代表着中国古代书法的最高水平。在这些众多的碑刻中，我选取了汉中石门的汉魏摩崖、耀县药王山的北朝造像、醴泉昭陵的初唐碑志、西安碑林的汉唐碑版进行了集中叙说和解读。秦汉魏晋至隋唐是汉字书法的生长期，这几处名碑书艺荟萃之地的代表性作品可谓是世所共知、世所共仰，它滋养了世世代代读书人的心，经年披阅，朝夕相对，我们这一代读书人应该有我们的心得。

终有一个机会，古长安碑刻说的三本书由西北工业大学出版社一次出版，我十分欣慰。深情地感恩我生活的这块土地，感恩所有给过我帮助的人。

作　者

2014年3月9日